KB140067

銀飾

은

식

COMPLETE COLLECTION OF GUIZHOU'S FOLK AND TRADITIONAL FINE ARTS

SILVER JEWELERIES

중국귀주민족민간미술전집

은식銀飾

초판인쇄 2016년 6월 7일
초판발행 2016년 6월 7일

엮은이 이검빈
옮긴이 임화영
펴낸이 채종준
기 획 박능원
편 집 이정수
디자인 조은아
마케팅 황영주

펴낸곳 한국학술정보(주)
주소 경기도 파주시 회동길 230(문발동)
전화 031 908 3181(대표)
팩스 031 908 3189
홈페이지 http://ebook.kstudy.com
E-mail 출판사업부 publish@kstudy.com
등록 제일산-115호 2000. 6. 19

ISBN 978-89-268-7163-8 94910
       978-89-268-7074-7 (전 6권)

銀飾

은

식

중국귀주민족민간미술전집

이 검빈 李黔濱 엮음

임화영 옮김

한국학술정보

머리말

중국은 공예미술이 매우 발달한 나라이다. 그중에서도 중국 민간공예미술이 특히 발달한 곳은 귀주(貴州)라고 할 수 있다. 이 점에 대해서는 모두 의견일치를 보고 있다.

중국 공예미술은 반드시 계승되고 보존되어야 하지만, 역사적으로 매우 힘들게 생겨나고 유지조차도 어려웠다. 태생부터 운명이 평탄치 않았으나, 사회의 낙후로 인해 오히려 공예미술이 더욱 발전할 수 있는 계기가 마련되었다.

낙후란 경제적으로는 빈곤한 것을 말하고, 지리적으로는 오지를 나타낸다. 그리고 사회적으로는 상대에게 냉대나 핍박당하는 것을 말한다. 민간공예장인은 이 점에 대해서 결코 좋은 것은 아니라고 말하지만, 우리는 인정할 수밖에 없다. 낙후로 인해 민간공예미술이 자연적으로 생겨날 수 있는 환경이 조성되었기 때문이다.

중국에서 봉건사회는 계속해서 성장했을 뿐만 아니라 상당한 발전을 이룩하였다. 하지만 이러한 사회의 가장 불합리한 점은 좋고 훌륭한 것(예술을 포함한)은 항상 소수의 실권자가 우선으로 누린다는 것이다. 일반 대중이 이런 봉건사회의 불공정한 점을 개선하려고 한다면, 자신이 좋다고 생각되는 것을 직접 만들어서 스스로 누리는 방법밖에 없었다. 민간예술은 바로 이러한 봉건제도에 대한 반항심에서 생겨난 것이다. 일반대중은 훌륭한 예술품을 직접 만들어서 하층민들끼리 서로 전하여 민간공예미술을 확산시켰다. 황제는 황제의 것이 있듯이, 일반대중은 그들만의 것을 새롭게 창조한 것이다. 이것은 평민의 예술적 권리를 쟁취하기 위한 사회적 구현이라고 할 수 있다.

여러 세대를 지나는 동안 사람들은 훌륭한 조형(造型), 문양(紋樣), 색채구성을 최종적으로 만들어 냈다. 대대로 전해지는 것 중에서 고정된 패턴과는 다른 자수, 도화(挑花, 십자수), 도예, 목조, 칠기, 전지(剪紙)는 실제로 매우 진귀한 공예유산이라고 할 수 있다. 돌이켜 생각해 보면, 민간공예는 돌연 어느 한 시대에 이르러 중단되고 유실되었다. 바로 봉건사회가 종식되었을 때이다. 이 얼마나 애석하고 비통한 일인가! 정보의 보급과 교통의 발달은 다른 지역 사람들에게도 예술을 함께 누릴 기회와 권리를 제공하였지만, 지역주민이 즐길 만한 것은 존재하지 않았다. 이러한 상황은 환영할 일이지만, 동시에 우려할 만한 일이라고 할 수도 있다. 왜냐하면, 민간예술의 생태환경이 변해버려서, 사람들에게 홀대를 당하기 쉽기 때문이다. 일반적으로 사람들은 더 좋은 생활용품이 생기면, 예전 민간공예품은 홀대하게 된다. 하지만 나중에 그것의 소중함을 알아차리게 된다 해도 그때는 이미 사라지고 없을 것이다. 우리는 이러한 문제를 제대로 인식하여 현재 남아있는 민간공예를 잘 보존하고 계승해야 마땅하다.

귀주인민출판사가 바로 이러한 민간공예의 보존과 계승을 위해 앞장서고 있다.

귀주의 생태환경은 앞서 말한 민간공예미술의 생태환경과 흡사하여 다른 지역에 비해 상대적으로 민간공예가 잘 보존되어 있다. 수많은 선진 문명은 더욱 선진화된 문명에 의해 배척당하고 대체되어 결국에는 쇠락의 길로 접어들게 된다. 이러한 문화현상은 지도상에 나타나는 변두리 지역과 낙후된 지역으로 점차 이전해 가고 있다. 상·주대(商·周代)의 청동공예는 한때 인류문명의 찬란한 문화유산으로 자리 잡은 적이 있었다. 하지만 사회가 발전하게 되자, 당시 주류를 이루었던 이 공예미술은 점차 사라지게 되었다. 역사적으로 이와 유사한 수많은 공예미술이 있었지만, 모두 한때 잠시 유행하고는 사라지고 말았다. 하지만 이러한 현상을 달리 생각해 보면 장점으로도 볼 수 있다. 어떤 문명은 흥성했던 지역에서 외곽 지역으로 옮겨 가면서, 문명의 재생과 부흥의 기회를 얻게 되었다. 앞서 말한 상·주의 청동공예도 중원(中原) 지역에서 쇠퇴한 후에, 운남(雲南) 지역으로 옮겨가서 새로운 바람을 불러일으켰다. 이것으로 인해 청동공예는 운남문화의 중요한 성과 중 하나가 되기도 하였다. 현재 중국의 변두리 지역에는 수많은 고대문명의 유산이 잘 보존되고 있다. 주류 공예 문화가 민간공예 문화로 변하는 것은 결코 나쁜 것이 아니다. 단지 지리적 위치를 바꾸고 변화시켜 계속해서 계승하고 보존하기 위함이다. 민간공예를 연구하는 학자들은 이 모든 것들을 소홀히 해서는 안 될 것이다.

귀주에는 상당히 많은 중국 고대문명이 보존되어 있다. 원시 건축공예, 한대(漢代)의 도기제조공예, 당대(唐代)의 납힐(蠟纈)공예, 송대(宋代)의 조각공예, 청대(清代)의 복식(服飾)공예 등이 있다. 또한 희곡(戱曲, 중국 전통극)의 활화석(活化石)이라고 불리는 가면공예도 귀주에 여전히 남아있다. 하지만 왜 이런 공예미술의 발

원지는 현재 모두 종적을 찾아보기가 어려운 것인가? 이런 점에서 볼 때, 귀주에 중국 공예미술의 천연 생태환경이 잘 보존되어 있다는 것은 자랑할 만한 일이며 이제는 우리가 선택해야 할 때이다. 이런 전통이나 민간공예가 정말 우리에게 필요한 것인가? 만약 필요하다면 우리는 마땅히 이것을 보존해야 하고, 필요가 없다면 사라지든 말든 그냥 내버려 두면 된다. 이 질문에 대해 식견과 책임감이 있는 사람이라면 당연히 보존해야 한다고 답할 것이다.

보존의 첫 단계는 바로 민간공예의 미(美)를 널리 알려 모두의 관심을 불러일으키는 것이다. 귀주인민출판사는 먼저 이 일에 착수하였다. 이것은 대형 예술 프로젝트이므로 진행하는 사람의 책임감, 안목, 경험이 있어야만 실현 가능한 일이다. 설령 재정적으로 지원이 된다 해도 식견과 열정 없이는 불가능한 일이 될 것이다.

귀주는 산지가 많고 민족구성이 비교적 복잡한 지역이다. 그러한 이유로 이곳에서 중국 민간공예의 보존과 연구가 활발하게 진행되고 있다. 또한, 귀주는 항상 선봉의 역할을 하는 도시이기 때문에 앞장서서 민간공예를 보존하고 계승해 왔다. 귀주가 민간공예의 보존을 추진하지 않으면 역사적으로는 양심의 가책을 받을 것이고, 민족적으로는 부담감을 느끼게 될 것이다. 하지만 앞으로도 지속적으로 민간공예의 보존을 추진한다면 중국문화 영령(英靈)으로부터 무한한 격찬을 받을 것이다. 우리는 먼저 이런 마음을 표현하여야 한다.

2천여 점에 이르는 작품 사진을 직접 보게 되면, 우리는 막중한 책임감과 위안을 동시에 느끼게 될 것이다. 결국에는 누군가가 선봉에 서서 사명감으로 이 일을 시작해야 한다. 그렇게 되면, 다른 지역 사람들도 정교하고 아름다운 공예품을 감상할 수 있을 것이다. 민간공예품은 대부분 잘 알려지지 않은 노동자나 정규교육을 받지 못한 민간장인의 손에서 만들어졌다. 하지만 그 어떤 미의 법칙과 척도로도 흠잡을 수 없을 정도로 우리에게 감동을 주는 작품들이 많다. 이번『중국귀주민족민간미술전집』출간을 축하하며, 아울러 이 책의 출판에 참여해 준 국내외 학자와 성원을 보내준 분들께 감사의 마음을 전하고 싶다.

그동안 귀주에서는 이번에 출판한 전집뿐만 아니라, 소소하게 민간공예와 관련된 서적을 적잖게 출판했다. 하지만 우리는 여기서 만족할 수 없다. 중국에 있는 모든 성(省)과 자치구에서 단체를 조직하여 대대적으로 자료를 수집하고 정리한 후, 민간공예 관련 서적을 전집으로 출판할 수 있는 날이 오기를 고대한다. 그런 날이 오게 되면, 중국은 사라져 가는 민간공예미술품을 다시 접할 수 있을 것이다. 서적의 힘을 빌려 곳곳에 민간공예를 전파하게 되면, 이것을 즐기고 아끼는 사람들이 갑절로 늘어나게 될 것이다. 이것은 민간공예에 대한 정책적 지지와 사회참여, 보호활동을 위한 최소한의 첫걸음이라 할 수 있다.

우리는 귀주가 민간공예미술을 전파하면서 아울러 귀주 전체 문화도 함께 전파하여, 이것이 이 지역의 핵심 이미지가 되기를 바란다. 이를 위해 보호라는 원칙과 전제하에 귀주에 있는 소수의 민간공예미술을 관광산업에 포함해서, 제한적으로 방출하고 구현하여 사회와 시대에 공헌하게 할 것을 제안한다. 이것은 또한 민간공예미술의 생존과 발전에 이바지할 수도 있다. 이번 전집을 출판하면서 성대한 출판기념회와 연구토론회뿐만 아니라 순회전도 개최할 것이다. 베이징, 상하이, 홍콩, 뉴욕 등지에서 전시회를 개최하여 전 세계 사람들 모두가 이 책의 매력에 흠뻑 빠져들게 될 것이다.

귀주 문화부는 유네스코에 귀주의 민간예술품이 인류문화유산으로 등재될 수 있도록 준비작업에 착수해야 한다. 이것과 더불어 귀주의 유명한 자연경관도 인류자연유산에 등재되도록 함께 준비를 진행해야 한다. 이와 관련된 예술학교와 연구기관은 귀주와 함께 민간공예미술이 발달한 지역에 연구소를 설립한 후, 프로젝트에 따라 책임자를 선별해서 연구를 활성화시켜야 한다.

앞으로 우리는 귀주 민간공예미술 발전을 위해 많은 관심을 가져야 할 것을 표명하며, 이것으로 서문을 마친다.

장정(張仃)·추문(鄒文)

귀주(貴州) 민족의
다양한 은식(銀飾) 탐구

귀주(貴州)는 여러 민족으로 이루어진 성(省)으로, 묘(苗)·포의(布依)·동(侗)·수(水)·흘료(仡佬)·요(瑤) 등 17개 민족이 있다. 그중 묘족, 포의족, 동족, 수족, 요족 등의 민족은 은(銀)으로 치장하는 풍습이 있다. 민족마다 치장하는 정도는 다르지만, 그중에서도 묘족이 가장 많은 치장을 했다. 묘족은 역사적으로 이전이 잦았고, 끊임없이 분산되었다. 이들은 주로 산지에 거주하였는데, 이런 환경적 제한으로 인해 내부적으로 다양한 분파가 생겨났다. 이 때문에 묘족 문화의 특징은 매우 다양하게 나타나고 있다. 『중국묘족복식도지(中國苗族服飾圖志)』의 기록에 따르면, 귀주 내에 있는 묘족의 복식은 125종에 달한다고 한다. 동족, 포의족, 수족 등은 그 내부에 또 다른 분파가 존재하였고, 복식의 한 구성 부분인 은식(銀飾, 은 장식품)도 분파마다 각기 다른 형태를 보였다. 게다가 묘족들 사이에는 은으로 치장하는 것이 매우 성행하여서, 귀주성 일대 은식의 종류는 일일이 나열하기 어려울 정도로 그 종류가 매우 다양하였다.

1

은식에 대한 최초의 기록은 명나라 곽자장(郭子章)의 『검기(黔記)』에 나와 있고, 이후에 은식과 관련된 기록은 점점 더 많아지게 되었다. 예를 들면 다음과 같다. "부유한 사람은 금과 은으로 된 귀걸이를 하였는데, 많게는 5~6개를 한꺼번에 걸기도 했다.""부녀자들은 접시 같은 쪽을 지은 후, 거기에 긴 비녀를 꽂았다. 그리고 토금(土錦)으로 만든 옷을 입었는데, 그 옷에는 옷섶이 없었다. 대신에 옷에 구멍이 있어서, 그 구멍으로 머리를 집어넣어 옷을 입었다.""부녀자들은 짧은 적삼을 입었고, 띠의 양 끝을 묶어 등에서 매듭을 지었다. 그리고 가슴 앞은 자수(刺繡)와 은전(銀錢)으로 장식하였다.""결혼하지 않은 여성들은 귀걸이를 귀에 걸어 장식하였는데, 이것은 마랑(馬郞, 묘족의 미혼 남성을 이르는 말)을 찾는다는 의미이다. 결혼한 후에는 이것을 걸지 않았다. 기혼 부인들은 해령(海鈴)과 난주(欒珠)를 섞어 걸거나 영락(瓔珞)을 매서 장식하였다. 이렇게 치장한 처녀들은 들판에서 무리 지어 노래를 부르며 총각들을 유혹하였다." 이와 같은 기록을 통해 우리는 몇 가지를 추론해 낼 수 있는데, 우선 명대(明代) 이후에 귀주의 은식이 출현했다는 것이다. 그리고 이것은 아주 빠르게 두식(頭飾, 머리 장식)과 신식(身飾, 몸 장식)의 부류에서 벗어나게 되었다. 그뿐만 아니라 당시에는 은귀걸이가 미혼과 기혼을 구분하는 표식이 되었다는 것을 알 수 있다. 이렇게 기혼과 미혼을 구분하는 방법이 생겨나면서, 은식은 최초로 풍속(風俗)의 기능을 갖추게 된 것이다.

청대(淸代)의 역사서에는 민족 은식과 관련된 기록이 전대(前代)보다 확연히 많아진 것을 알 수 있다. 그 내용을 살펴보면, 첫째, 은식의 종류가 많아졌다. 청나라 공시(龔柴)의 『묘민고(苗民考)』에 적힌 글을 보면, "부유한 사람은 망사 두건으로 머리를 묶은 후, 4~5개의 은비녀를 꽂았다. 숟가락 정도의 길이로, 위는 평평하고 아래는 둥근 형태이다. 왼쪽 귀에는 사발 같은 은귀걸이를 걸었고, 목에는 은고리를 두르고 손에는 은팔찌를 찼다", "여성의 복식에 사용된 은비녀, 목걸이, 팔찌 등은 모두 남성들의 것과 같았으나, 양쪽 귀에 은으로 된 귀걸이를 장식한 것만은 달랐다", "부유한 사람은 은으로 된 큰 빗을 착용하였고, 은줄로 쪽의 중간 부분을 둘렀다"라고 나와 있다. 둘째, 은식이 점차 널리 보급되었다. 당시에는 성별, 노소(老少), 빈부(貧富)의 차이를 막론하고 모두 은식을 착용하였다. 기록을 살펴보면, "노소를 막론하고 모든 사람은 팔에 은으로 된 팔찌를 찼다"라는 말이 있다. 은팔찌를 찰 수 없었던 가난한 사람들은 '홍동(紅銅)'으로 팔찌를 만들어 찼다고 한다. 셋째, 착용하는 은식의 수가 점점 더 많아졌다. 착용하는 방식에도 미(美)의 특징과 추세를 반영하는 현상이 나타났다. "목에는 은목걸이를 걸었는데, 부유한 사람은 3~4개를 한꺼번에 걸기도 했다. 이당(耳璫, 귀걸이의 일종)은 어깨까지 첩첩이 걸었다." "은목걸이를 7~8개 정도 걸어, 의관에 신경을 썼다." 이렇게 여러 개의 은식을 착용하는 습관은 오늘날까지 이어졌다. 이러한 습관은 당대 묘족의 은식 착용 양식에 영향을 끼쳤을 뿐만 아니라, 은식의 형태와 스타일에 직접적인 영향을 주었다. 당시에는 10개의 고리가 한 세트인 은목걸이[속칭 배권(排圈)]가 유행하였는데, 이것은 물화(物化)의 심리를 반영한 것이다. 마지막으로 이 시기의 은식은 각 종족의 연애와 결혼생활에도 영향을 끼치기 시작했고, 이는 은식의 기능이 한층 더 강화된 것이라고 할 수 있다. 기록을 살펴보면 다음과 같다. "음력 정월에 남녀는 함께 도월(跳月, 명절 달밤에 가무를 즐기며 짝을 찾는 전통놀이)을 하기 위해 성장(盛裝)을 하고 달

맞이 장소에 모인다. 남자들은 앞에서 대나무로 엮은 생황(笙簧)을 불었고, 여자들은 뒤에서 방울을 계속해서 흔들었다. 이들은 나란히 서서 춤을 추며 주변을 빙빙 돌았다. 온종일 춤을 추어도 피곤한 기색을 전혀 보이지 않았다." 여기에서 은방울은 구혼하는 도구로 사용되었다. 화묘족(花苗族)의 남녀가 결혼할 때 신랑은 은으로 도금된 우각(牛角)을 쓰고, 신부는 생화를 달고 결혼 예식을 거행했다고 한다. 이것으로 보아 은식은 묘족의 결혼 풍습에도 영향을 끼치기 시작했다는 것을 알 수 있다.

여기서 우리는 귀주민족 은식의 역사에 대해 증명해야 한다. 당·송(唐·宋) 시기에 중앙 조정은 서남부 지역에 경제주(經制州)와 기미주(羈縻州)를 설치하여 이 일대의 관리를 강화하였고, 한족(漢族)과 각 종족 간의 경제문화에 대한 연계를 점차 증강하였다. 남송(南宋) 시기에 남쪽 지역은 각축(角逐) 지역에서 더욱 멀어져, 상대적으로 안정적인 상태가 되었다. 이 시기에는 남방 소수민족에 대해 자세하게 기록된 개인 저서가 나타나기 시작했다. 대표적인 것으로 주희(朱熹)의 『기삼묘(記三苗)』, 주보(朱輔)의 『계만총소(溪蠻叢笑)』, 범성대(范成大)의 『계해우형지(桂海虞衡志)』, 주거비(朱去非)의 『영외대답(嶺外代答)』 등이 있다. 하지만 이 저서들 속에 은식에 관련된 기록이 직접 나타나 있는 것은 아니었다. 주보의 『계만총소』를 보면, "산지 남자들이 결혼할 때는 동(銅)과 소금 덩이를 예물로 주었다"라는 글귀가 있다. 동과 값비싼 소금을 예물로 주는 것으로 보아, 이는 당시 서남 지역에 동의 가치를 뛰어넘는 금속이 아직 나타나지 않았다는 것을 설명해 주고 있다. 이것은 귀주의 각 종족이 송대(宋代)까지도 은으로 된 장식을 하지 않았다는 것을 반증하는 것이다.

하지만 명대(明代) 역사서에서 처음 은식에 대한 기록이 나타난 이후로, 은식과 관련된 내용이 갑자기 급증하기 시작했다. 마치 하룻밤 사이에 돌연변이가 생긴 것처럼 매우 기이한 문화현상이 나타나게 된 것이다. 은식은 청대에 이르러 묘족과 각 종족 사이에서 널리 보급되고 유행하게 되었다. 필자(筆者)는 묘족들 사이에 전해오는 "금과 은으로 기둥을 만들어서 하늘을 떠받치고, 금과 은으로 해와 달을 만들었다"는 고대 전설이 있음에도 불구하고, 묘족의 은식 역사는 그리 오래되지 않았다고 생각한다. 묘족의 은식 역사는 명대에 시작되었고, 청대에 와서 널리 보급되었다. 귀주에 있는 각 종족 간에 은식 풍습이 생겨나고 유행하기 시작한 시기도 이와 같다.

2

인류의 복식문화 발전에는 한 가지 공통적인 규칙이 있
다. 간단한 것에서 복잡한 것으로, 소박하고 실용적인 것에
서 화려하고 정교함을 추구하는 것이 바로 그것이다. 은식
의 출현으로 귀주 각 민족의 복식문화 개념도 실용성을 추
구하던 것에서 미적 가치를 중시하는 쪽으로 치우치게 되었
다. 이것은 각 종족 복식발전에 대한 연구에 한 획을 긋는 중
요한 의의를 지닌다.

명대 이후 몇백 년 동안에 묘족의 은식은 무에서 유를 창
조하였고, 간단한 것에서 복잡한 것으로 변화하였다. 묘족_{(苗}
_{族)}의 은식은 민족 문화예술의 한 부류를 형성하여 지금까지
도 발전하고 있고, 묘족의 문화 중에서도 가장 특색 있는 부
류로 인정받고 있다.

은식의 종류는 매우 다양하다. 머리에서 발끝까지 쓰이지
않는 곳이 없을 정도이다. 두식(頭飾), 흉경식(胸頸飾), 수식(手飾), 의
식(衣飾), 배식(背飾), 요추식(腰墜飾)뿐만 아니라, 각식(脚飾)도 있다.

(1) 두식(頭飾. 머리 장식)

두식으로는 은각(銀角), 은선(銀扇), 은모(銀帽), 은위파(銀圍帕), 은
표두배(銀飄頭排), 은발잠(銀髮簪), 은삽침(銀插針), 은정화(銀頂花), 은망
련(銀網鏈), 은화소(銀花梳), 은이환(銀耳環), 은동모(銀童帽) 등이 있다.

1) 은각(銀角)

묘족의 은각은 서강형(西江型), 시동형(施洞型), 배조형(排調型)으로
나뉜다.

서강형 은각은 그 끝이 두 갈래로 나뉘고, 주 문양은 이룡
희주(二龍戱珠. 두 마리의 용이 구슬을 가지고 노는 형상)의 형상을 하고 있다. 용
의 몸체에 구슬이 볼록하게 장식되어 있고, 높이는 약 1m
정도이다. 서강형 은각은 부피가 큰 것이 특징이다. 너비는
약 85cm이고, 높이는 약 80cm에 달한다. 어떤 것은 이 은각
을 착용한 사람 키의 절반을 넘는 것도 있어서, 가히 세계적
인 명품 예술이라 할 만하다. 묘족의 아가씨들이 이것을 착
용할 때는 은각의 양 끝에 흰 닭털을 끼워서 장식하였다. 닭
털이 바람에 나부낄 때마다 은각이 더욱 우뚝 솟아 보였고,
이는 마치 경쾌하고 품위 있는 아름다움을 동시에 나타내는
것 같다. 서강형 은각의 형태는 소박하고 선이 시원시원할
뿐만 아니라, 고풍스러운 면도 갖추고 있다. 이 은각은 은선

(銀扇)이라고도 부르는데, 이는 갈라진 양쪽 뿔 사이에 네 조각으로 된 은편(銀片)이 부챗살 모양으로 펼쳐져 있어서 생긴 이름이다. 은각의 주 문양은 이룡희주이고, 용과 구슬은 모두 단독 형태로 제작되었으며, 은사(銀絲)를 이용해 몸체와 연결하였다. 뿔의 양쪽 꼭대기에는 동전 문양이 있고, 네 조각으로 된 은편의 높이는 양쪽 뿔보다 높다. 은편의 꼭대기에는 나비 문양이 있고, 그 나비가 물고 있는 과미(瓜米) 문양이 술 장식처럼 드리워져 있다. 그리고 은편 사이에는 여섯 마리의 봉황이 날아갈 듯한 형상을 하고 있다.

은각 중에서는 시동형 은각이 가장 화려하고 사치스러울 뿐만 아니라, 가장 정교하고 세밀하게 제작되었다. 이 은각을 쓰고 걸으면 꼭대기에 있는 용과 봉황이 흔들거리면서 상투의 끝이 또렷이 드러난다. 주계(舟溪)의 묘족은 부채꼴 형태의 은각을 썼는데, 양쪽 뿔 사이에 있는 부채꼴 조각의 수가 일정하지 않았다. 또한, 별다른 장식이 없으며, 얇고 가벼운 것이 특징이다.

배조형 은각은 상술한 두 종류의 은각과 몇 가지 차이점을 보인다. 첫째, 은각을 쓸 때 삽침(插針, 고정하는 핀)을 쓰지 않고 은편을 두건에 휘감아서 고정한다는 것이다. 둘째, 은각의 뿔이 깃털처럼 되어 있고 각각의 뿔이 다시 둘로 나뉘진다는 점이다. 이 때문에 배조형 은각을 멀리서 보면 마치 깃털이 나부끼는 것처럼 보인다. 은각 중앙의 꼭대기에는 변형된 은 깃털[銀羽] 한 줄기가 꽂혀 있고, 나머지 돌출된 세 줄기에는 모두 흰 닭의 깃털이 끼워져 있다. 이 조형물은 주제가 모호한 면이 있지만, 이것을 만든 사람은 모든 사물에는 영혼이 있다는 물화(物化) 사상에 근간을 두고 제작하였다고 말한다. 현지조사에 따르면, 배조(排調)는 무속이 발달한 지역으로, 받드는 신의 종류가 무려 148종에 달한다고 한다.

삼도(三都)에 사는 수족(水族)이 쓰는 각관(角冠)은 쌍각관(雙角冠)이라고도 한다. 큰 뿔은 밖에 있고, 각호(角弧) 안에 작은 뿔이 일직선상에 있다. 작은 뿔의 높이는 큰 뿔보다 약간 높다. 뿔의 중앙에는 은으로 된 깃털이 꽂혀 있고, 은각의 양 끝은 세 갈래로 나누어졌다. 이것은 마치 깃털처럼 보이는데, 여기에 빨간색과 초록색의 융화(絨花)를 꽂아 장식했다. 이것은 묘족의 은각보다 크기는 작지만, 형태와 색채는 매우 화려하다.

2) 은모(銀帽)

묘족의 은모는 중안강형(重安江型), 뇌산형(雷山型), 혁동형(革東型)

으로 나뉜다. 은모는 묘족의 두식(頭飾)으로, 꽃·새·나비·동물 형태의 은장식과 은련(銀鏈, 은줄)·은령(銀鈴, 은방울)이 달려 있다. 이 은모에는 온갖 장식이 달려 있어서, 매우 기품 있고 값비싸 보인다.

중안강형 은모는 윗부분이 막힌 반구 형태로, 안쪽 층과 바깥쪽 층으로 나누어져 있다. 안쪽 층은 모자 둘레에 맞게 천과 철사를 둘렀고, 바깥층은 3단으로 나누어졌다. 모자 꼭대기인 상단에는 수많은 은꽃이 빽빽하게 장식되어 있고, 모자 꼭대기의 중앙에는 은선(銀扇)이 높이 솟아 있다. 은선 주변에 꽂혀 있는 봉황, 나비, 사마귀 등의 은장식은 마치 꽃떨기 속에 앉아 있거나 그 주변을 훨훨 날아다니는 것처럼 보인다. 가운데 부분은 압착 은편으로 모자 주변을 둘렀고, 그 위에 이룡희주 문양을 새겼다. 그리고 양 끝에는 아이가 놀고 있는 형상을 새겼다. 하단에는 모자의 테두리를 따라 술 장식을 둘렀다. 이것은 모두 은련으로 연결되었고, 은령을 달아 쨍그랑거리는 소리가 들리게 하였다. 그리고 모자 뒤에는 3단으로 된 은 깃털 12가닥이 드리워져 있는데, 이 깃털은 허리까지 내려올 정도로 길었다.

뇌산형 은모는 위쪽은 넓고 아래쪽은 좁으며 꼭대기가 뚫린 형태로 그 높이는 약 30cm 정도이다. 이 은모의 특징은 돌출된 모자의 둘레를 평면적으로 장식했다는 것이다. 모자의 둘레에는 약 10cm 높이의 은편이 둘러 있고, 이 은편 위에 돌출된 동물이나 화초 문양이 가득 새겨져 있다. 모자 둘레의 앞쪽에는 나비와 새 문양이 새겨진 은편이 층층이 포개져 있고, 이것을 모두 은사(銀絲)로 연결했다. 모자의 꼭대기에는 은꽃이 반짝거리며 아름다운 자태를 뽐내고 있다. 은모 아랫부분의 술 장식은 눈썹과 맞닿아 있으며, 촘촘하고 가지런하게 늘어져 있다.

혁동형 은모는 반쯤 덮인 형태이다. 은말액(銀抹額, 이마에 묶는 장식용 머리띠)과 은잠(銀簪)이 결합한 형태로, 비교적 간단하게 제작되었다.

동족(侗族)도 은화모(銀花帽)를 쓰는 풍습이 있다. 동족의 은화모는 은말액과 은우잠(銀羽簪)을 조합해서 만든 것이다. 은말액의 안쪽에는 녹색 테두리의 붉은색 두건이 덧대어져 있고, 이마 주변을 따라 은포화(銀泡花)가 늘어서 있다. 꼭대기 부분에는 은작(銀雀)이 있고, 날개가 있는 부분에는 은접(銀蝶)이 드리워져 있다. 그뿐만 아니라 붉은색과 초록색으로 된 융화(絨花)도 장식되어 있다.

3) 은위파(銀圍帕)

은위파는 두 가지 형태가 있다. 하나는 은식의 장식품이 두건에 고정된 형태이고, 다른 하나는 두건 전체가 은으로 제작된 형태이다. 이것은 안에 안감을 받쳐서 두르거나 그 대로 머리에 직접 두르기도 했다. 귀주(貴州) 도균시(都勻市) 파고 진(壩固鎭)에 사는 묘족은 붉은색과 초록색으로 만든 두건 위 에 5개의 은모 장식을 달아서 장식하였다. 중앙에 단 장식 은 크기가 약간 크고, 이마의 중간 부분까지 내려왔다. 그리 고 나머지 4개의 장식은 크기가 작고, 양쪽 귀의 앞뒤에 대 칭으로 이어져 있다. 이 두건은 은화(銀花)가 투각되어 있어서, 멀리서 보면 은빛이 반짝거려 매우 아름답게 보인다. 나전 (羅甸) 봉정(逢亭)에 사는 묘족은 청색 두건에 5개의 원추형(圓錐 形) 은식을 횡대로 배열하여 장식하였다. 동고(銅鼓) 문양이 있 고, 이것을 2가닥의 은련(銀鏈)으로 연결하였으며 나비 문양 의 술 장식이 달려 있다. 뇌산(雷山)에 사는 묘족은 은모에 20 개의 와문(渦紋, 소용돌이 문양)을 상하 두 줄로 배열하여 장식하였 고, 15cm 크기의 붉은 천 위에 대칭이 되게 고정하였다. 또 한, 배열한 것 사이사이에 직사각형의 은화편(銀花片)을 장식하 였다. 이 은모의 안쪽에는 붉은색과 흰색 천이 덧대어져 있 어 색채대비가 매우 선명해 보인다. 전체가 은으로 만들어진 시동진(施洞鎭) 묘족의 은마위파(銀馬圍帕)는 가장 정교하고 섬세하 다. 이것은 3단으로 나누어졌는데, 가장 위쪽에는 29개의 망 문(芒紋)으로 된 원형 은화(銀花)가 장식되어 있고, 중간 부분의 중앙에는 원형 거울 조각이 끼워 넣어져 있다. 거울 조각 양 쪽에는 각각 14개의 기마(騎馬) 병사 문양이 있고, 가장 아래 쪽에는 술 장식이 드리워져 있다. 이 은마위파(銀馬圍帕)는 기마 병사를 주 문양으로 하였고, 그 주위에 투구를 쓰고 갑옷을 입은 병사들이 대오를 정렬하고 서 있는 모습으로 장식되어 있다. 그리고 준마가 말발굽으로 은방울을 밟고 서 있는 모 습이 자못 위풍당당하게 보인다. 귀주 개리(凱里) 주계(舟溪) 묘 족의 은파는 중간이 넓고 양쪽 끝은 좁은 형태로 되어 있다.

종강(從江) 서산(西山)에 사는 동족(侗族)은 남녀를 막론하고 모두 은위파로 장식하였다. 붉은 천으로 안감을 덧댔고, 은화(銀花), 은접(銀蝶), 은편(銀片), 은조(銀吊) 등을 순서대로 조합해서 장식했 다. 남성의 머리에는 은우잠(銀羽簪)을 꽂았고, 여성의 머리에 는 비녀뿐만 아니라, 채색된 천을 써서 머리를 장식하기도 했다. 여평(黎平) 곤동(滾董)에 사는 요족(瑤族)의 은파에도 붉은 천을 안감으로 덧댔고, 여기에 은추각(銀錐角)과 은편을 붙여서

장식하였다. 중앙에는 3겹으로 된 은각을 끼웠고, 은각의 중앙에는 망문원편(芒紋圓片)이 있다. 그리고 양쪽에는 은으로 된 깃털을 꽂아 장식했다. 이 은파는 인근에 있는 묘족, 동족, 수족이 사용하는 은식 문양을 모두 종합한 것이어서, 문화적으로 연구할 만한 가치가 있다.

4) 은발잠(銀髮簪)

묘족이 사용하는 은발잠의 디자인으로는 꽃, 새, 나비 등 종류가 매우 많다. 그중에서 꽃으로 된 디자인은 홑잎으로 된 것도 있고, 겹잎으로 된 것도 있다. 그뿐만 아니라 송이나 다발로 된 꽃도 있고, 빽빽하거나 성글게 디자인된 꽃도 있다. 이처럼 묘족의 은발잠은 그 형태가 각기 다르다. 어떤 발잠(髮簪, 동꽂)은 섬세하고 정교하며, 생동감이 느껴지기도 한다. 또 어떤 것은 소박하고 자연스러운 것이 특징이다. 뇌산(雷山) 서강(西江) 묘족의 은발잠은 수십 송이의 은 꽃장식이 부채꼴 형태로 펼쳐져 있다. 이 꽃에는 녹색, 노란색, 붉은색, 흰색의 4가지 색으로 된 구슬이 화예(花蕊, 꽃의 수술과 암술)에 채워 넣어져 있다. 부채꼴 형태의 중심에는 5마리의 은으로 된 봉황이 머리를 쳐들고 우는 형상으로 서 있다. 이처럼 성기고 빽빽하게 만들어진 은발잠은 매우 멋스러운 매력이 있다. 이 발잠을 펼쳐서 쪽을 지으면, 마치 참새 꼬리가 펼쳐진 것처럼 매우 아름답다. 개리(凱里) 묘족의 은접(銀蝶) 발잠은 3개가 한 세트이다. 오화은잠(五花銀簪)을 쪽의 중앙에 꽂았고, 쪽의 좌우로 나머지 은잠(銀簪)을 하나씩 꽂아서 장식하였다. 시동(施洞) 묘족의 은봉(銀鳳) 발잠은 생동감이 느껴진다. 이 발잠에 있는 봉황의 부리는 매우 수려해 보이고, 봉황의 목에는 은사(銀絲)가 감겨 있어 매우 강인한 느낌을 준다. 동족의 은잠은 깃털로 만들어진 것이 많다. 용강(溶江) 낙리(樂里)에 사는 동족은 은으로 만든 깃털 3개를 한 세트로 꽂아서 장식했다. 쪽의 정 중간에 하나를 꽂아 넣고, 나머지 2개는 양쪽에 비스듬히 꽂아 넣었다. 종강(從江) 피림(皮林)에 사는 동족의 은잠 깃털에는 은작(銀雀)과 6개의 망문(芒紋) 은편이 있다. 이 은잠은 단순하기는 하지만, 은우잠(銀羽簪)의 발전에 어느 정도 영향을 끼쳤다. 여파(荔波) 요록(瑤籙)에 사는 요족도 은우잠을 사용하였다. 이것은 4갈래로 나누어져 있고, 간격이 넓은 편이다. 이 은우잠은 다른 은우잠 중에서도 양식이 가장 소박하고, 선도 매우 간결하고 세련되게 처리되어 있다. 인강(印江)에 사는 토가족(土家族)의 은잠에는 꽃이나 '수(壽)'자 문양이 장식되어 있다. 이 은잠은 가공 기술이 극도로 정교해지고 문양도 한족화(漢族化)

되었지만, 전해진 것이 많지 않아 지금은 보기가 드물다.

5) 은삽침(銀揷針)

은삽침은 은발잠과 같은 종류이지만, 일반적으로 형태가 매우 간단해서 단독으로 소개하고자 한다.

삽침의 종류는 엽형(葉形) 은삽침, 알이(挖耳, 귀이개) 은삽침, 방주형(方柱形) 은삽침, 선문양주(綫紋鑲珠) 은삽침, 기하문(幾何紋) 은삽침, 수자(壽字) 은삽침, 육방주정(六方柱丁) 은삽침 등 그 수를 일일이 다 셀 수 없을 정도로 많다.

묘족이 삽침을 다는 방식도 각양각색이다. 용리(龍里)의 묘족은 은삽침으로 3개의 은포(銀泡)를 사용하였는데, 이 은포에 3개의 은령(銀鈴)을 달아서 쪽 뒤에 끼웠다. 시동에 사는 묘족의 용수(龍首)삽침의 크기는 매우 다양하다. 큰 삽침은 명절에 착용하였고, 작은 삽침은 평소에 머리를 장식할 때 달았다. 삽침은 쪽을 가로로 꿰뚫어서 달았고, 쪽의 오른쪽에 비녀의 끝을 조금 남겨두어서 사람들의 시선을 잡아끌었다. 여평(黎平) 묘족·동족의 화삽침(花揷針)은 비수처럼 생겼는데, 자루 부분은 이중으로 된 복숭아 형태로 만들어졌다. 이 삽침의 가운데 부분은 볼록하게 솟아있고, 그 주변은 두께가 얇은 형태로 되어 있다. 그리고 윗부분에는 꽃잎이 장식되어 있어 종전과는 다른 형태를 보인다. 종강 묘족·동족의 두립(斗笠)삽침은 비녀의 머리 부분이 삿갓처럼 생긴 것이 특징이다. 쪽의 주변에 둥글게 여러 개를 꽂아서 장식하였다. 비록 비바람을 가릴 수는 없지만, 아름다운 빛을 발산해서 남다른 매력이 느껴진다. 귀양(貴陽) 묘족의 은우각(銀牛角) 비녀는 은젓가락처럼 생겼고, 10개가 한 세트이다. 비녀의 밑동 부분에는 술 장식이 드리워져 있고, 이것을 착용할 때는 쪽의 왼쪽에서 오른쪽으로 끼워 넣었다. 이 은우각 비녀가 가로로 꽂혀 있는 모습을 멀리서 바라보면, 마치 폭죽이 일렬로 늘어서 있는 것처럼 보인다. 안순(安順) 장수각(長樹角) 묘족의 은쾌삽잠(銀筷揷簪)은 젓가락 길이와 비슷하다. 이것을 쪽에 꽂으면 비녀의 앞부분이 길게 내뻗는다. 이 쪽의 스타일은 원래 묘족의 옛날식 머리 스타일인 '계수(髻首)'와 함께 사용되었을 것이다. 인근의 포의족(布依族) 역시 이 스타일을 사용한 것으로 보아, 묘족에게까지 영향을 끼쳤을 것으로 추측된다.

6) 은망련식(銀網鏈飾)

은망련식은 발잠류에 속하는 것으로, 도류강(都柳江) 유역에서 많이 볼 수 있다. 전형적인 추어(墜魚) 장식이 있는 오고망련식(五股網鏈飾)은 삽침으로 고리를 꿰뚫어서 고정한다. 그리

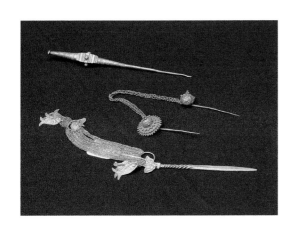

고 5가닥의 은련(銀鏈)이 그물처럼 펼쳐져 쪽 뒤를 뒤덮고 있다. 청수강(淸水江) 유역에서 유행하는 모충형(毛蟲形) 은위대(銀圍帶)도 은망련식에 속한다. 이것은 8개의 모서리가 있고, 속이 빈 형태로 둥글고 길게 생겼다. 은사로 짜인 이것은 머리 뒤의 쪽을 장식하는 것으로 사용되었다.

7) 은화소(銀花梳)

은화소는 머리를 빗거나 고정하는 것 이외에 장식품으로도 사용되었다. 일반적으로 안쪽은 나무 재질로 되어 있고, 바깥쪽은 은피(銀皮)가 싸여 있다. 그리고 빗살은 조금만 드러나 있으며, 형태는 복잡한 것도 있고 단순한 것도 있다. 뇌산(雷山) 서강(西江)에 사는 묘족의 은화소는 빗 등에 꽃, 새, 용, 사슴 등이 가득 장식되어 있다. 화소(花梳) 중에서도 예술적 양식이 비교적 높은 수준의 작품이라고 할 수 있다. 삼도(三都) 수족의 은화소는 빗 등에 십여 존의 부처 형상이나 첨각(尖角) 모양이 장식되어 있다. 그뿐만 아니라 기다란 은련도 함께 장식되어 있다. 이 화소를 머리에 꽂으면, 5~6겹으로 된 은련이 자연스럽게 아래로 늘어진다. 개리(凱里) 노산(蘆山)의 은화소는 나무 빗에 압화은편(壓花銀片) 한 겹을 싸서 만든 것으로, 제작방법이 비교적 간단한 편이다.

8) 은이환(銀耳環)

은이환은 민족 은식 중에서도 스타일이 가장 다양한 장식 중의 하나지만, 귀주성박물관에 소장된 것은 백여 종에 불과하다. 이환(耳環, 귀걸이)은 현조형(懸吊形), 환상형(環狀形), 구상형(鉤狀形), 원륜형(圓輪形)의 4종류로 나뉜다. 이렇게 귀걸이의 스타일이 여러 가지로 나타나는 것은 자연을 모방하여 디자인한 다양한 응용방식 덕분이다. 묘족 귀걸이에서 자주 볼 수 있는 꽃, 새, 나비, 용 등의 디자인 이외에도 다양한 스타일이 등장한다. 묘족 귀걸이의 스타일이 이처럼 매우 다양하게 나타나는 이유는 묘족의 분파가 많기 때문이다. 심지어 같은 분파 내에서도 남녀가 다른 귀걸이를 하거나, 결혼 전과 후에도 다른 스타일의 귀걸이를 하기도 한다. 그리고 동족의 죽절(竹節) 귀걸이는 대나무를 본떠서 만들었다는 독특한 특징이 있다.

9) 은동모식(銀童帽飾)

묘족은 은(銀)이 액막이를 할 수 있다고 믿기 때문에, 청수강 유역에 사는 묘족 사이에는 아이들에게 은 장신구를 달아주는 풍습이 생겨났다. 일반적으로 은식을 아이의 모자 꼭대기에 장식하여 액막이를 하였다. 전통적으로 동모식(童帽飾)에는 사자, 물고기, 나비 등의 형상이 많이 장식되어 있고, 이

외에도 한족문화의 영향을 받아 "복록수희(福祿壽喜)", "장명부
귀(長命富貴)", "육보(六寶)"등으로 장식하기도 했다. 이 동모식의
디자인은 매우 절묘하고 특이하다. 귀주(貴州) 시동(施洞)에서는
아기를 위해 특수 제작된 은부처 모자장식을 씌워주기도 했
다. 9개가 한 세트로 구성된 이 모자장식은 작고 얇고 가벼
워서, 영유아가 착용하기에 적합했다.

묘족 은두식(銀頭飾)에는 은호두(銀護頭), 은정화(銀頂花), 은표두
배(銀飄頭排) 등이 포함된다.

(2) 흉경식(胸頸飾)

흉경식에는 은항권(銀項圈), 은압령(銀壓領), 은흉패(銀胸牌), 은흉
조식(銀胸吊飾) 등이 포함된다.

1) 은항권(銀項圈)

각 종족은 모두 가슴과 목 부위의 장식을 매우 중요하게
생각했다. 그런 의미에서 이 은항권(銀項圈)은 정교하게 제작
된 은식 중의 하나라고 할 수 있다. 이것은 다시 연형(鏈型)과
권형(圈型)으로 나눌 수 있는데, 연형은 체인으로 연결한 것으
로 움직임에 변화를 줄 수 있고, 권형은 은편이나 은조(銀條)
를 사용해서 고리형태로 만든 것으로 고정된 후에는 움직일
수가 없다. 일부는 연형과 권형을 조합해서 만든 것도 있다.
귀주의 도류강 유역에 사는 묘족(苗族), 동족(侗族), 요족(瑤族)들
사이에서 유행하는 은배권[銀排圈, 일명 투권(套圈)]은 매 세트가 적게
는 몇 개, 많게는 십여 개로 구성되어 있다. 안쪽에서 바깥
쪽으로 갈수록 고리의 크기가 점점 커지는 형태로 제작되었
다. 연형에 속하는 것으로는 '8자(字)'환형항련(環形項鏈), 금과항
련(金瓜項鏈), 관주형항련(串珠型項鏈), 사방형항련(四方形項鏈), 향령항련
(响鈴項鏈) 등이 있다. 권형에 속하는 것으로는 뉴색항권(扭索項圈),
교사항권(絞絲項圈), 관계지항권(串戒指項圈), 백엽항권(百葉項圈), 참화항권
(鏨花項圈), 등형항권(藤形項圈), 은룡항권(銀龍項圈), 방주뉴색항권(方柱扭
索項圈) 등이 있다. 연형과 권형이 조합된 것으로는 백가(百家)의
보쇄대련항권(保鎖帶鏈項圈)이 있다.

관계지항권은 형태가 매우 독특한데, 참화은편(鏨花銀片)으로
내부 고리를 장식하고, 14개의 반지를 꿰어서 목걸이로 만
들었다. 반지가 겹쳐지는 것을 방지하기 위해 반지 사이사
이에 간격을 두고 은사로 고정하였다. 반지의 면에는 나비
나 과미(瓜米) 문양으로 술 장식을 하였다. 묘족과 수족(水族) 지
역에서는 모두 이런 종류의 항권(項圈)이 나타나고 있다. 교사
항권은 꼬인 형태의 목걸이로 2개의 은조(銀條)를 서로 꼬아서

만든 것이다. 이렇게 만든 고리 2개를 은편으로 합쳐 하나로 만들었다. 이 목걸이의 안쪽은 평평하고, 바깥쪽은 반원호^(半圓弧) 형태로 되어 있다. 위쪽에는 볼록한 문양으로 이룡희주^(二龍戲珠) 도안이 장식되어 있고, 목걸이 아래의 가장자리에는 11개의 은조^(銀吊)를 달아 놓았다. 이 조^(吊)의 문양 종류는 4개로 나누어지는데 나비, 연대보살^(蓮臺菩薩), 은방울, 나뭇잎 문양이 장식으로 쓰였다. 목걸이의 디자인이 아름답고 공예기법도 복잡해서, 묘족의 은항권 중에서도 최고급품으로 인정받고 있다.

2) 은압령^(銀壓領)

은압령은 상서^(湘西)와 귀주의 청수강^(淸水江) 유역 묘족 지역에서 유행하던 흉식^(胸飾, 가슴 장식)이다. 이것을 착용하게 되면 장식의 무게 때문에 옷자락이 평평하게 달라붙어서 은압령이라고 부르게 되었다. 은압령은 장명쇄^(長命鎖, 장수를 상징하는 자물쇠 모양의 목걸이)가 변형된 것이고, 장명쇄의 전신^(前身)은 '장명루^(長命鏤)'이다. 한대^(漢代)부터 시작된 것으로, 전해오는 말에 따르면, 사람들은 액을 피하기 위해 단오절에 문미^(門楣, 문틀 위에 가로로 대는 나무)에 오색 견사를 걸어두었다고 한다. 명대^(明代)에 이르러서는 어린이 전용 경식^(頸飾, 목 장식)으로 변하였고, 후에 점차 장명쇄로 발전해 갔다. 검중^(黔中)과 청수강 유역의 일부 묘족 지역에서는 장명쇄의 원시 형태인 장방형^(長方形)이 그대로 유지되고 있고, 자물쇠 위에는 "장명부귀^(長命富貴)"등의 글귀가 새겨져 있다. 이것은 주로 목걸이와 연결하거나 하나의 세트로 만들어 사용하였다. 은압령은 원형보다는 반원형이 더 많아졌고, 부피가 몇 배나 더 커졌다. 문양이 다양하고, 제작방법도 복잡해졌다. 삼도^(三都) 수족의 은압령은 요자형^(腰子形, 콩팥 형태)으로 되어 있다. 표면에는 이룡희주 문양이 투각되어 있고, 아래쪽에는 10마리의 나비 장식이 드리워져 있다. 드리워진 나비 장식마다 3줄의 은련 나뭇잎 장식이 달려 있다. 이 16cm 길이의 은조^(銀吊)는 마치 폭포처럼 쏟아져 내려서 복부를 덮고 있다. 뇌공산^(雷公山) 기슭의 은압령은 입체 조각^[圓雕], 부조^(浮雕), 투조^(透雕)의 기술을 함께 사용해 만들었기 때문에 형태가 매우 복잡하고 정교하다. 압령^(壓領)의 주 문양은 입체 조각된 두 마리의 은으로 된 기린^(麒麟)이고, 이것을 움직일 수 있게 투각한 은구^(銀球)의 중앙에 놓여 있다. 그 위에는 은으로 된 용^(龍)이 뛰어 오르는 모양이 장식되어 있고, 그 아래에는 은화^(銀花)가 장식되어 있다.

3) 은흉패(銀胸牌)

은흉패는 일부 묘족 지역에서 유행하던 흉식으로, 일반적으로 단층으로 된 직사각형 모양으로 되어 있거나 반원형의 참화은편으로 만들어져 매우 단정해 보인다. 이 은흉패는 보통 은압령이나 은쇄(銀鎖) 위에 착용했다. 은흉패도 은압령처럼 장명쇄에서 변형되어 나온 것이다. 이 3종류의 은식은 같은 계열로 이 중에 하나만 달아서 장식하였고, 절대 두 종류 이상을 함께 착용하지 않았다. 어떤 은흉패는 홑 조각으로 되어 있고 크기도 작다. 또 다른 은흉패는 크기도 크고 2~3조각이 합쳐진 형태로 되어 있다. 그래서 착용했을 때 가슴과 배 부위를 모두 가려서 매우 과장되게 보인다.

4) 은흉조식(銀胸吊飾)

은흉조식으로는 접형조(蝶形吊), 조형조(鳥形吊), 어형조(魚形吊), 전문조(錢紋吊), 기마인물조(騎馬人物吊) 등이 있고, 일반적으로 은련(銀鏈), 조패(吊牌), 추식(墜飾)으로 구성되어 있다. 여러 단으로 장식할 때는 1단에 1개의 장식만을 달았고, 많게는 4~5단까지 장식하기도 했다. 도류강(都柳江) 유역에서 유행하던 접형조는 전체길이가 85cm 이상이 될 정도로 크기가 매우 컸다. 여파(荔波) 요록(瑤簏)에 사는 요족의 흉조(胸吊)는 4마리의 은작(銀雀)을 실로 꿰어서 만들었는데 형태가 매우 호방하여 가히 일품이라 할 수 있다.

(3) 수식(手飾)

수식은 은수탁(銀手鐲, 은팔찌)과 은계지(銀戒指, 은반지)를 포함한다.

1) 은수탁(銀手鐲)

수권(手圈)이라고도 부르는 수탁(手鐲, 팔찌)은 민족 은식의 중요한 구성부분이다. 속이 빈 통상형(筒狀型), 교사형(絞絲型), 편사형(編絲型), 부조형(浮雕型), 누공형(鏤空型), 참화형(鏨花型), 한화형(焊花型) 등 수탁의 형태는 매우 다양하다. 디자인과 양식이 다른 수탁을 통해 각 민족과 분파마다 가지고 있는 심미관을 파악할 수 있다. 호방한 양식으로 만들어진 수탁은 표면이 반들반들하고 문양이 없을 뿐만 아니라, 크기가 크고 무겁다. 섬세한 양식의 수탁은 아주 가는 은사로 짜서 만들거나 공화(空花)를 용접해서 만들었다. 이런 형태의 수탁은 공예기술이 매우 정교하다. 부조형 수탁에는 연속된 화지문(花枝紋)이나 용문(龍紋) 장식이 많다. 용문 수탁에 새겨진 쌍룡(雙龍)은 배회하는 듯한 모습이고, 용의 눈도 돌출되어 마치 살아 있는 것처럼 보인다. 한화형 수탁은 그물 형태의 은사로 면을 장식했고,

매화 혹은 유정(乳釘) 문양을 새겨서 민족적 색채를 강하게 드러내었다. 뇌산(雷山) 독남(獨南) 묘족들 사이에 유행하는 유정문이 있는 통 형태의 수탁은 그 디자인이 매우 독특하다. 수탁의 면이 넓어서 고대에 투구와 갑옷을 착용할 때 함께 꼈던 손목보호대처럼 보인다. 묘족의 수탁은 착용방식도 독특하다. 귀주(貴州) 시동(施洞) 묘족의 팔찌는 한 쌍만 착용하는 것이 아니라 많게는 4~5개를 한꺼번에 착용하기도 했다. 종강(從江) 묘족의 팔찌는 5쌍을 한 세트로 착용하였는데, 손목에서 팔꿈치까지 순서대로 나열해서 착용하였다. 이것은 당대(唐代)에 성행하던 금과 은으로 제작된 용수철처럼 생긴 '비천(臂釧)'과 유사하다.

2) 은계지(銀戒指)

묘족이 착용하던 반지의 면은 비교적 넓은 편으로, 손가락의 전체 표면을 거의 다 덮을 정도였다. 반지의 면에는 부조된 화조(花鳥)나 투각된 꽃송이와 얽힌 덩굴 등이 장식되어 있다. 반지를 착용하는 위치에 대한 명확한 규정은 없다. 귀양(貴陽) 인근에 거주하는 묘족들은 항상 8개의 반지를 착용했는데, 엄지손가락을 제외한 모든 손가락에 반지를 낀 것이다. 다른 은식과 비교해 보면, 은계지는 전통적인 양식이 매우 적고 유행했던 지역도 많지 않다.

(4) 의식(衣飾)

1) 은의편(銀衣片)

귀주 청수강(淸水江) 유역에 사는 묘족(苗族)들 사이에는 은의(銀衣)를 입는 것이 유행하였다. 은의편은 은의의 주요 장식물로, 주편(主片)과 배편(配片)으로 나뉜다. 주편은 압화(壓花)로 장식되었고, 그 문양과 장식이 매우 정교하며, 의파(衣擺. 옷의 아랫단)와 의배(衣背) 등 주요 부위를 장식하였다. 배편은 크기가 약간 작고 단순한 형태로 만들어졌으며, 의수(衣袖), 의금(衣襟), 의파 주변을 장식하거나 배열된 주편의 틈을 메워서 장식하는 용도로 사용되었다. 이것은 장식을 잘 부각시키는 역할을 하였다. 시동 묘족이 주로 사용하는 주편의 종류는 44가지가 있다. 정방형(正方形), 장방형(長方形), 원형(圓形)으로 나뉘고, 표면에는 부조된 사자, 호랑이, 기린, 봉황, 금계(錦鷄), 용, 선학(仙鶴), 나비, 화훼(花卉), 나한(羅漢), 선동(仙童) 등의 형상이 장식되어 있다. 위쪽 원의 중앙은 직사각형이고, 아래쪽은 정사각형으로 되어 있다. 모식(帽式)의 은의포(銀衣泡) 장식은 595개가 있는데, 주편과 함께 한 세트로 구성하여 보조 장식으로 사용하였다.

나비 모양의 방울 장식 60개를 옷의 아랫단과 소맷부리에 달았기 때문에, 이 은의를 입으면 댕그랑거리는 소리가 들렸다. 서강(西江) 묘족 은의의 주편은 24개로, 모두 아래로 드리워져 있다. 그중에 의파편(衣擺片)은 11개로 허리와 배 부위에 달아서 장식하였다. 의배편(衣背片)은 13개이고, 5줄로 나눠져 있다. 위쪽과 아래쪽 2줄에 각각 2조각씩 달았고, 중간의 3줄에는 각각 3개씩 달았다. 중간에 있는 조각이 가장 크고, 안쪽에는 작조화지도(雀鳥花枝圖)가 장식되어 있다. 두 번째 고리에는 유정문(乳釘紋)이 있고, 세 번째 고리에는 연속된 화초문(花草紋)이 있다. 배편은 박쥐 문양이 있는 5개의 은의편으로 되어 있고, 특별하게 제작된 의파각(衣擺角)이 장식되어 있다. 또한, 배편에는 박쥐 형태의 은방울 11개가 드리워져 있고, 주로 허리띠 위에 달아서 장식하였다. 일반적으로 같은 지역에서는 같은 방법으로 은의편을 장식하였으며, 집안이 부유하면 은의편을 많이 달았고 가난하면 적게 달았다. 은의편의 문양과 장식은 각각 달랐고, 소재도 다양했다. 은의편의 종류는 수백 종이 넘을 정도로 다양한 형태가 보존되고 있다.

2) 은위요련(銀圍腰鏈)

대다수 묘족 지역에서는 위요(圍腰)로 옷을 장식하는 것이 유행하였고, 그중 일부 지역은 은련으로 위요대(圍腰帶)를 장식하였다. 은위요련은 주로 매화 문양을 연결해서 만들어졌고, 단층과 쌍층으로 구성되었다.

3) 은구(銀扣)

은구는 도류강(都柳江) 유역의 묘족·동족(侗族) 지역에서 유행하였고, 남녀가 모두 사용하였으며, 대련은구(帶鏈銀扣)와 은구로 나뉜다. 대련은구는 우대금의(右大襟衣)의 가슴 부위에 달았고, 장식성이 비교적 강하다. 은구는 대금의(對襟衣)에 많이 달았고, 양식도 비교적 다양하다. 매화구(梅花扣), 금과구(金瓜扣), 영당구(鈴鐺扣), 쌍구구(雙球扣) 등이 있고, 동구(銅扣)나 석구(錫扣)로 대체해서 사용하기도 했다.

(5) 배식(背飾)

배식은 은배조(銀背吊), 은배패(銀背牌) 등이 있다.

1) 은배조(銀背吊)

은배조는 실용성과 장식성으로 구분된다. 실용성을 갖춘 은배조는 귀주 도류강 하류의 묘족·동족 지역에서 유행했고, 배구(背扣)라고도 부른다. 그 지역에 사는 아가씨들은 홍

위두(紅圍兜)를 즐겨 입었는데, 은배조를 흉위두대(胸圍兜帶)와 연결하여 등에 걸어서 장식하였다. 이것은 옷깃의 가슴둘레 부분에서 높이를 조절할 수 있을 뿐만 아니라, 장식적인 기능도 갖추고 있다. 이러한 은배조에는 젓가락 굵기의 은조(銀條)로 나선문(螺旋紋) 형태나 사각형의 판을 달아 장식하였는데, 어떤 것은 300g에 달할 정도로 무게가 상당하였다. 장식성이 있는 은배조가 유행하던 지역은 비교적 광범위하였다. 특히 검중(黔中) 일대 묘족 지역에서 성행하였고, 접형조(蝶形吊)와 호로조(葫蘆吊)가 주로 유행하였다. 이 은배조는 여성들의 등 장식이나 아이들의 배선(背扇)으로 많이 사용되었다.

2) 은배패(銀背牌)

은배패의 장식이나 양식은 은의(銀衣)와 비슷하다. 은배패는 특수 제작된 장방형의 배포(背布) 위에 은편을 조합한 것으로, 직접 의배(衣背)에 부착하는 것이 아니라서 은의보다는 입고 벗기에 편리하지만, 기품은 덜하다.

(6) 요추식(腰墜飾)

요추식은 은요대(銀腰帶)와 은요조식(銀腰吊飾) 등이 있다.

1) 은요대(銀腰帶)

귀주(貴州) 황평(黃平) 묘족 지역에서 유행하던 은요대를 현지에서는 은보살요대(銀菩薩腰帶)라고 부른다. 수십 개 혹은 백여 개의 은으로 된 보살을 천으로 된 요대 위에 2줄이나 3줄로 나누어 늘어놓고, 이것을 천과 함께 꿰매서 장식하였다. 귀주성박물관에 은요대 하나가 소장되어 있는데, 여기에는 105개의 은보살 형상이 각기 다른 자태로 생동감 있게 표현되어 있다. 이 은요대에는 묘족 은세공 기술자의 출중한 상상력과 비범한 창조력이 잘 드러나 있다고 말할 수 있다.

2) 은요조식(銀腰吊飾)

은요조식은 허리 양쪽에 모두 착용할 수 있지만, 대부분 오른쪽에 착용한다. 요조식은 흉조식에 비해 크기가 작지만, 훨씬 더 정교하다.

(7) 각식(脚飾)

귀주 여평(黎平)의 일부 묘족 지역에서는 각탁(脚鐲, 발찌)을 착용하는 풍습이 있다. 각탁은 꼬인 실과 같은 형태로 생겼고, 아이들은 액막이를 위해 착용하기도 했다.

이것으로 민족 은식에 대한 대략적인 소개를 마쳤다. 여기서 하나 더 밝히고 넘어가야 할 것은 귀주의 인구 중에서 묘족이 가장 많은 수를 차지하고 있다는 것이다. 대략 4백만 명 정도로, 넓은 지역에 두루 분포되어 있다. 성(省) 내의 8개 시(市)와 주(州)에 모두 분포되어 있고, 인접한 민족들도 가장 많다. 이러한 이유로 묘족은 경내(境內) 다수의 민족과 밀접한 관련이 있다. 또한, 묘족은 민족의 경계상에서 문화적 접점(接點)이 가장 많은 민족으로, 각 민족 간의 문화적 교류도 가장 많다. 이렇게 문화적 교류가 풍부했기 때문에, 묘족은 각종 문화 요소들을 모두 흡수해 버리는 흥미로운 현상을 발생시켰다. 예를 들어, 안순(安順) 일대의 포의족(布依族), 묘족, 한족들이 모두 석판방(石板房, 판잣집)에 거주하는 것처럼, 같은 지역의 대표 문화가 공통성을 지니는 현상이 나타나게 되었다. 석판방 건축은 민족 특색이라기보다는 지역 특색이라고 하는 것이 맞다. 은식에도 이러한 것이 잘 반영되어 있다. 같은 지역에서 은식의 민족적 차이는 그리 크지 않지만, 지역적 차이는 오히려 현저하게 나타난다. 그래서 묘족의 은식은 그 종류가 매우 다양하며, 귀주에 있는 각 민족 은식의 모든 조형과 문양을 거의 다 취합했다고 할 수 있다. 이것을 달리 말하면, 다른 민족의 은식이 모두 묘족에게 있다고 할 수 있다. 심지어 묘족의 일부 은식은 다른 민족에게는 드물거나 아예 없는 것도 있다. 묘족의 은식 스타일은 다른 민족과 비교조차 할 수 없을 정도로 뛰어나다. 그뿐만 아니라 은식의 종류와 양식에서도 묘족의 기술을 따라올 수가 없다.

3

취사(取捨, 취하고 버리는 것)와 창조는 민족 은식에 대한 발전 역사를 구성하고 있다. 이것은 연역(演繹), 변이(變異), 재통합(整合)하는 멀고 힘겨운 과정이라고 할 수 있다. 민족의 미(美)에 대한 추세는 이 과정에서 결정적인 역할을 한다. 그 어떤 가벼운 변화도 모두 이러한 추세를 따르고 있으므로, 결코 간과해서는 안 된다. 묘족(苗族) 은식의 문양과 조형은 초기에는 한문화(漢文化)의 영향을 많이 받았다. 그 후로도 오랫동안 영향을 받았고, 일부 장식품은 원형을 거의 답습하고 있을 정도이다. 필자는 오랜 기간 민족의 문물을 모으고 조사하는 일을 해왔다. 지금까지 몇 세대 동안 전해 내려오는 은식을 보아왔는데, 대부분이 한족의 은식을 모방하고 있다. 육보(六寶), 팔괘(八卦), 복록수희(福祿壽喜)와 같은 도안과 문양이 그 예라고 할 수 있다. 심지어 어떤 것은 뒷면에 '복흥호(福興號)'와 같은

글자가 쓰여 있기도 했다. 이것으로 보아 대부분의 은식은 한족 은세공 기술자들의 손에서 나왔음을 알 수 있다. 이와 같은 이유로 은식의 민족화 과정이 진행되려면, 반드시 외래 문화에 대한 인식과 이해를 거쳐야 한다. 은식이 민족문화 사회로 진입하기 위해서는 사회생활에 융합될 수 있는 것만 보존하고, 사회생활과 관련이 없는 문화 요소는 배제해야 한다. 이런 취사 과정은 은식이 민족문화 사회로 진입하는 초기부터 진행되어야 하고, 이와 함께 은식에 대한 부단한 혁신과 이를 끝까지 유지하는 자세가 필요하다.

은식의 민족화 과정은 혁신의 과정이라고 할 수 있다. 민족 은식은 대중이 필요로 하는 예술 창작의 규범과 원동력이자, 대중이 인정하는 성공 여부를 판단하는 결정권자라고 할 수 있다. 각 민족 은식의 혁신도 이러한 논리를 따라야만 발전할 수 있다. 묘족 은식의 혁신은 민족화 과정의 초기 단계에서 시작되었다. 조금 더 정확하게 말하자면, 묘족 은식의 혁신은 청말민초(淸末民初)에 전면적으로 추진되었다. 이러한 혁신은 당시 묘족 내부에서 최초로 탄생한 은세공 기술자에 의해 시행되었다.

은식이 이미 철저하게 민족화가 된 오늘날에는 다양한 창조적 이념과 심미의 관점이 은식을 탄생시키는 작용을 하였다. 이 중에서 어떤 심미적 관점과 이념이 가장 근본적이고 원칙적인 것일까?

묘족은 예전부터 돈으로 장식하는 풍습이 있었다. 역사 자료에서 보이듯이 '전식(錢飾)'과 은식은 묘족의 복식 영역에 동시에 진입하였다. 이러한 풍습은 초기에는 많은 장식을 해야 민족의 자존감을 유지할 수 있다고 여겼고, 이로 인해 돈으로 장식해서 부를 자랑하는 심리가 묘족 은식의 심미적 가치에 중요한 작용을 하게 되었다. 이와 같은 미의 판단기준은 묘족 은식의 3대 예술적 특징을 탄생시켰다. 크고 무겁고 많은 것이 아름다움의 기준이 된 것이다.

묘족의 은식에 있어서 크기가 미의 예술적 특징이라는 것은 말하지 않아도 알 수 있을 것이다. 묘족 대은각(大銀角)의 크기는 이것을 착용하는 사람 키의 절반 정도에 해당한다. 이것만 보더라도 크기가 미의 기준이 되었다는 말을 충분히 이해할 수 있을 것이다. 흙이 쌓여서 산이 되고, 물이 모여서 바다가 되듯이 높고 큰 것이 아름다움의 기준이 되어버린 것이다. 묘족의 은식도 큰 것이 아름다운 것이라는 독특한 기준이 생겼는데, 이는 미학의 관점에서 보면 일리가 있

는 말이다.

또한, "무거운 것이 아름다운 것이다"라는 말이 있다. 귀주(貴州) 시동(施洞) 묘족의 여성들은 어릴 때 귀를 뚫고 나서, 점점 더 굵은 원형 막대기를 끼워 귀의 구멍을 더 크게 만든다. 이는 현지에서 유행하는 원판형 귀걸이를 끼우기 위한 것으로, 귀걸이의 무게를 이용해서 귓불을 길게 늘이려는 것이다. 어떤 여성은 귀걸이가 너무 무거워 귓불이 찢어지는 경우도 종종 발생한다. 현지에서 사용하는 귀걸이 중에는 한쪽 무게만 200g에 달하는 것도 있다. 여평(黎平) 묘족의 여성들이 착용하는 참화(鏨花) 은배권(銀排圈)은 무거울수록 더욱 좋은 것으로 여겨, 심지어 어떤 것은 8근이 넘는 것도 있다.

묘족 은식에 나타난 수많은 예술적 특징 중에서 가장 놀랄 만한 것은 착용하는 은식이 많으면 많을수록 더욱 아름답다고 평가하는 것이다. 그들은 귀걸이를 3~4개씩 한꺼번에 걸거나 여러 개를 겹쳐 어깨까지 닿게 걸기도 한다. 혹은 목걸이를 5개씩 걸어 목이 보이지 않게 턱 밑에까지 오게 걸기도 한다. 그뿐만 아니라 흉식(胸飾)과 요식(腰飾) 등을 있는 대로 다 걸어서 장식하기도 한다. 청수강(淸水江) 유역의 은의(銀衣)는 보조 장식까지 포함하면 그 수가 수백 개가 넘는다. 이들은 여러 개를 겹쳐서 장식하여, 복잡하고 세밀한 아름다움을 추구하고 있다. 특히, 이러한 심미관은 묘족의 은두식(銀頭飾)에서 두각을 나타내는데, 여러 개를 한꺼번에 장식하여 묘족 은식만의 특별한 매력을 드러내고 있다.

이런 묘족의 찬란한 의식의 물화(物化)는 다른 민족에서는 찾아보기 힘들다. 태족(傣族) 남성들은 몸에 문신하는 풍습이 있는데, 문신한 부위가 넓고 도안이 복잡할수록 더 아름답다고 여겼다. 합니족(哈尼族)의 소녀들은 배우자를 구하는 시기에는 진주나 구슬로 온몸을 빈틈없이 장식한다. 청해(靑海) 목축 지역에 사는 장족(藏族) 여성들의 '가롱(加龍)' 배식(背飾)은 크고 많은 것의 미적 기준을 만족시키고 있다. 덕앙족(德昻族)이 요고(腰箍)로 치장할 때는 30~40개를 한꺼번에 착용하기도 한다. 복잡하고 많은 것을 미의 기준으로 추구하는 것은 묘족에만 해당하는 것은 아니다. 귀주성박물관에 소장된 다른 시기의 은식을 비교해 보면, 묘족 은식의 크고 무겁고 많은 것을 미로 추구하는 경향이 계속해서 이어져 오고 있음을 알 수 있다. 특히, 1980년대 이후의 묘족 은식은 발전이 가속화되었는데, 이는 묘족의 생활수준이 끊임없이 향상되었음을 반영하는 것이다.

환경은 민족 은식의 예술양식을 형성하는 데 중요한 작용을 한다. 묘족 은식의 문양과 형태는 주변에서 흔히 볼 수 있는 동식물과 관련된 것이 많은데, 이것은 산간 지역의 특징을 반영한 것이다. 민족 은식의 재료는 다양하고 격식에 구애를 받지 않는다. 시동 묘족이 실을 엮어서 만든 팔찌는 좁쌀처럼 생긴 술 장식을 엮어서 만든 것이다. 이것은 매우 사실적일 뿐만 아니라, 포시시한 좁쌀 술 장식이 마치 살결과 같은 느낌을 표현해내고 있다. 이것을 보면 농사짓는 사람이 만든 것임을 바로 알아차릴 수 있다. 동부 묘족 지역에서 보이는 가지 형태의 귀걸이는 전체적인 모양에서부터 가지의 자루와 꼭지 부분까지도 섬세하게 처리하여 실물과 똑같이 만들려고 노력하였다. 귀주의 도균(都勻) 기장(基場)에서 유행하는 산대(蒜薹, 마늘종) 귀걸이는 마늘종의 자루를 고리로 디자인하였고, 늘어뜨리는 산대의 뾰족한 부분을 과장되게 표현하였다. 귀걸이의 전체 형태는 간단하지만, 그 양식은 매우 독특하다. 송탑형(松塔形) 귀걸이는 벗겨진 솔방울의 모양을 본떴고, 아래에서부터 위로 올라가면서 점점 작아지는 것이 매우 율동적으로 보인다. 끝 부분은 동고(銅鼓) 문양의 돔 형태로 처리했고, 장단점을 잘 결합하여 더욱 매력적인 귀걸이로 만들어 냈다. 비슷한 디자인으로는 우각형(牛角形) 귀걸이, 정라추(釘螺墜) 귀걸이, 최미충(催米蟲) 귀걸이, 잠자리[蜻蜓] 귀걸이 등이 있다. 이것은 묘족 은세공 기술자들의 자연스러운 계승과 적극적이고 진취적인 창작 정신이 잘 반영된 것이다.

묘족의 은식은 같은 재료에 다른 처리기법을 사용하기도 한다. 형태가 복잡하지 않은 우각형 귀걸이는 사각기둥, 각화알조(刻花挖槽) 사각기둥, 각화편평형(刻花扁平形), 사편(絲編) 원기둥 등으로 나뉜다. 추타화(墜朶花) 귀걸이는 소재가 같더라도 형태가 다른 것이 수십 종이나 된다. 이외에도 묘족의 은세공 기술자는 생산과 생활 속에서 영감을 잘 포착해 낸다. 도류강(都柳江) 유역은 물이 풍부해서, 못과 논에서 물고기를 키우는 양식업이 매우 발달하였다. 그래서 여평 박동(泊東) 일대에서 유행하는 추어조라(墜魚罩籮) 귀걸이에는 현지에서 어획하는 방식이 은식에 반영되었다. 현지에서 항라(囨籮)라고 부르는 조라(罩籮, 물고기를 잡는 기구의 하나)는 밑바닥이 없다. 물고기를 잡을 때 먼저 어조(魚罩)를 바구니 안에 둔 후에 포획한다. 추어조라 귀걸이는 위쪽에 은실로 짠 바구니 형태가 있고, 바구니의 끝에 물고기를 늘어뜨렸다. 이때 물고기의 머리를 바구니 쪽으로 향하게 하여, 마치 물고기가 바구니로 헤엄쳐

들어가려는 듯한 모양으로 만들었다.

　문화 생태학적 관점에서 보면, 문화의 형태는 인류가 생태환경에 적응한 결과라고 할 수 있다. 특히, 은식은 독특한 지역성을 벗어날 수 없을 뿐만 아니라, 그것의 직접적인 영향을 받기도 했다. 동족(侗族) 사람들은 환경 적응력이 매우 강한 편이라서, 자연에서 얻는 자원들을 일반적으로 이용할 뿐만 아니라, 창의적으로도 잘 활용한다. 밀림에서 생산되는 덩굴을 어린 덩굴이든 오래된 덩굴이든 가리지 않고 집을 짓거나 가구를 만드는 데 사용하였다. 또한, 이 덩굴을 엮어서 밥그릇이나 접시를 만들기도 했는데, 뜨거운 국을 담아도 절대 새지 않을 정도로 정교하게 만들었다. 동족 사람들은 여기에 그치지 않고 덩굴의 형태를 본떠서 목걸이나 팔찌를 만들기도 했다. 오래되어 굽은 덩굴 형태의 디자인은 자연의 신선한 기운을 느낄 수 있게 할 뿐만 아니라, 은식이 지역적 환경과 밀접한 관련이 있음을 알 수 있게 해준다.

　민족 은식의 취사선택과 혁신을 하는 과정에서 옛것을 모두 버릴 수는 없음을 알 수 있다. 예전의 것 중에서 일부를 선택하고 그것을 잘 보존하게 되면, 민족 은식의 개성과 중원(中原)문화의 고전적 색채를 더욱 잘 드러낼 수 있을 것이다. 민족 은식이 민족과 민족 사이를 초월하게 된 것은 중국 각 민족의 사랑을 받아 관계가 극대화되었기 때문이다. 귀주의 민족 은식은 다른 민족들의 잠재의식 속에서 오래된 역사적 응어리를 끌어낼 수 있으므로, 그들은 민족 은식을 감상함과 동시에 민족 은식을 통해 자신들의 역사문화와 다시 재회하는 듯한 느낌을 받기도 한다. 그 가운데서 그들은 친밀감과 긍지를 느끼게 되는 것이다. 그래서 민족 은식을 교류하는 과정 중에 형성되는 역사의 누적물은 외부 지역에 건설한 공동체 시장과 같다.

　황평(黃平) 중안강(重安江)에서 유행하던 은모(銀帽)는 그 형태와 디자인에 있어서 고대 '보요(步搖)'의 장점을 잘 흡수하였다. 보요는 전국(戰國) 시기에 나타난 것으로, 이것에 대한 최초의 문자기록은 송옥(宋玉)의 『풍부(風賦)』에 나와 있다. 여기에 "주인 여자는 구슬을 드리운 보요를 하고 있다"라는 말이 기록되어 있다. 『석명석사식(釋名釋首飾)』의 기록을 보면, "보요는 위에 구슬이 드리워져 있어, 걸을 때마다 찰랑거린다"라는 말이 있다. 보요는 두 가지 특징이 있는데, 첫째는 구슬이 달려 있다는 것이고, 둘째는 구슬이 달린 줄기가 흔들거린다는 것이다. 중안강형(重安江型) 은모는 은화(銀花), 은봉(銀鳳), 은충(銀蟲)을

용수철 형태의 은사(銀絲)로 모자의 몸체와 연결하여 줄기가 흔들거릴 수 있게 만들었다. 이마 앞에는 술 장식을 늘어뜨려서, 모자를 쓴 사람이 움직일 때마다 은꽃과 술 장식이 찰랑거린다. 이러한 움직임을 보면 마치 은모가 순간적으로 살아 움직이는 듯한 생명력을 느끼게 된다.

도류강(都柳江)과 청수강(清水江) 유역에서 유행하던 각종 흉조식(胸吊飾)과 요조식(腰吊飾)에는 주로 '오병(五兵)'을 매달아 장식하였다. 병기(兵器)로 장식하던 '오병패(五兵佩)'는 한대(漢代)에 유행하던 액막이용 장신구였다. 은흉조식에 자주 사용하는 병기는 칼, 창, 방패, 노(弩, 석궁), 곤(棍, 몽둥이)이고, 소수민족 지역에서 사용하지 않았던 병기는 검(劍), 극(戟, 미늘창), 간(鐧, 전권), 모(矛, 창), 산(鏟, 삽) 등이다. 귀주 민족 은식은 오병패의 스타일을 유지하면서, 다른 방면으로는 스타일의 변형을 시도하였다. 이쑤시개, 귀이개, 족집게 등 실용적인 물건을 함께 장식하여, 오병패를 '아첨조(牙簽吊)'라고 부르기도 했다.

말액(抹額)은 처음에 군대에서 사용하기 시작한 것이다. 다른 색깔의 헝겊을 머리에 묶어서 각각의 부대를 구분하였다. 명·청(明·清) 시기에는 말액의 스타일에도 변화가 생겨, 헝겊 조각 이외에도 비단, 가죽, 금은보화로 장식한 말액이 나타나기 시작했다. 현존하는 묘족, 동족, 수족이 사용하는 은말액은 다양한 형태로 변형되어 나타났다. 테가 넓은 것도 있고, 좁은 것도 있다. 추각(錐角)으로 문양의 입체감을 강하게 살린 것도 있고, 은화편(銀花片)을 비단과 조합시킨 것도 있다. 또한, 말액은 은위파(銀圍帕)를 만들어 냈다. 대강(臺江)의 반배(反排) 묘족은 더욱 큰 초대형 횡우(橫羽)를 만들어 내기도 했다. 그들은 이것을 착용할 때 꽉 묶는 전통적인 방식을 따르지 않고, 이마의 앞부분이 살짝 뜨도록 느슨하게 묶었다. 그래서 사람들은 이것을 '은표두배(銀飄頭排)'라고 부르기도 했다. 이런 종류는 셀 수 없을 정도로 많지만, 굳이 전부 다 사용할 필요는 없다. 민족 은식의 고풍이 느껴질 정도로만 사용해도 민족 은식이 문화 상호작용과 누적으로 인해 중요한 가치를 갖추게 된 것을 증명할 수 있다.

묘족 은식의 다양한 문양은 부녀자들의 몸에 걸친 복식의 도문(圖紋, 도안과 문양)에서 파생된 것이다. 후에 묘족의 은세공 기술자가 출현해서 은식의 제작과 가공을 담당하게 되면서, 그들은 어떻게든 묘족에게 더욱 잘 어울리는 장신구를 생산해 내야만 했다. 이것은 그들에게 직면한 숙제가 되어, 부녀자들에게 배우기도 하고, 그녀들의 자수와 납염의 도문 중에서

좋은 것을 채택하여 창작의 영감을 얻기도 했다. 이러한 방법은 묘족 은세공 기술자들이 가장 쉽게 숙제를 풀 수 있는 해결책이었다. 바로 이런 이유로 묘족의 은의편(銀衣片)에는 소수민족의 희극 고사(故事)를 이용한 도안 구도가 보존되고 있는 것 이외에, 직접 샘플을 추출한 자수 등 더욱 많은 기본 도문이 있다. 화충조수(花蟲鳥獸)의 문양은 도안의 구조와 선 위에 민족적 풍격을 드러내고 있다. 단채배조(丹寨排調)는 무교(巫敎)가 발달한 지역에서 생겨난 것으로, 이 세상 모든 물건에는 영혼이 있다는 사상이 사람들 마음속 깊이 뿌리내렸음을 보여준다. 이러한 사상은 현지 묘족과 수족 부녀자들의 납화(蠟畵) 중에도 반영되어 있어서, 다양한 형태의 구도로 끊임없이 나타나고 있다. 예를 들어, 새의 등에서 덩굴이 자라는 도안, 덩굴 끝에 물고기가 달린 도안, 물고기 입에서 가지가 나오는 도안, 가지 끝에 꽃이 피어 있는 도안 등이 있다. 이렇게 다른 생명체가 함께 뒤섞여 서로 파생되고 순환하고 있다. 그리고 생명체에서 파생된 것은 모두 이전 문양에서 표현된 사물을 신격화한 것이다. 같은 문화권인 도균(都勻) 왕사(王司)에서 이러한 은봉잠(銀鳳簪)을 수집하였다. 이 은봉잠의 기법이 과장된 것은 말할 것도 없고, 이것의 핵심 포인트는 바로 잠시(簪翅)의 중앙 부분에 엽편(葉片)과 등롱(燈籠)의 술 장식을 살짝 늘어뜨린 것과 새의 배 위에 은꽃이 가득 자라나 있는 것이다. 이 비녀는 새의 몸이 중심으로 되어 있고, 은으로 된 꽃잎 술 장식이 사방에 분산되어 장식되어 있다. 그래서 마치 새의 몸에서 밖으로 생명의 전화(轉化)가 뿜어져 나오는 것처럼 보인다. 필자가 감히 단언하건대, 이러한 형태는 납화에서 도입된 것이라고 할 수 있다.

4

우리는 지금까지 신화, 토템숭배, 종교 및 무속, 감정 중에서 짝을 찾고자 하는 심리와 기원하는 심리를 모두 민족 은식을 통해 볼 수 있었다. 그리고 이전에 존재하던 복식이나 기타 문화 운반체의 전이와 확장을 통해 민족 은식의 발전을 이룩할 수 있었다. 은각(銀角)이 그것의 전신인 목각소(木角梳)와 함께 묘족(苗族) 지역에서 지금까지 공존한 것처럼 겉모습은 완전히 달라졌지만, 그 근원은 같은 것이 있다. 문자가 없는 소수민족일수록 문화 표현방식에 대해 상대적으로 제한을 받기 때문에, 그들의 복식에는 민족문화 심리에 대한 대응성(對應性)이 더욱 강하게 드러난다. 그뿐만 아니라 표상(表象)

문화의 특징이 더욱 뚜렷해져서, 문화정보의 전달이 더욱 많아졌다. 이 중에는 인류 정신문화에 대한 수많은 내용이 담겨 있어 전통문화의 모든 영역에 영향을 미친다.

토템숭배는 인류의 유년기에 순간적으로 생겨난 문화현상 중의 하나이다. 오랫동안 인류의 의식 속에 잠재되어 있다가 물화(物化)의 방식을 통해 밖으로 드러나게 된 것이다. 모르간(Morgan)의 『고대사회(古代社會)』에는 "수많은 씨족(氏族) 사이에서 유행하던 전설에 따르면, 그들의 최초 조상은 남자와 여자로 변할 수 있는 동물 혹은 무생물로 이것은 씨족의 상징이 되었다(토템)"라는 글이 있다. 인류를 창조해 낸 것은 토템의 공적과 특징의 하나라고 할 수 있다. 이로 인해 우리는 어렵지 않게 묘족의 은식에서 토템의 유적을 찾아낼 수 있다. 오스트레일리아 토착민족의 토템은 여러 등급으로 분류된다. 씨족, 포족(胞族), 혼인 등급, 양성(兩性, 남성과 여성), 개인별로 나뉜다. 이러한 현상으로 보아, 분파가 다양한 묘족도 절대한 종류의 토템에 그치지 않는다는 것을 짐작할 수 있다.

나비는 묘족의 인류 창조와 관련된 전설 중에서 중요한 역할을 차지하고 있다. 태곳적에 나비가 단풍나무 줄기에 12개의 알을 낳았는데, 이 알에서 부화하여 나온 것이 바로 사자, 소, 지네 등의 동물들과 인류의 선조인 강앙(姜央)이라고 한다. 이때부터 묘족이 생겨났다는 전설이 있다. 청수강(清水江) 유역에 사는 현지 묘족들은 나비를 '매방류(妹榜留)'라고 부르는데, 묘족의 언어로 '매(妹)'는 어머니를, '방류(榜留)'은 나비를 뜻한다. 그래서 이것을 합치면 '나비어머니'라는 뜻이 된다. 이러한 토템의 영향으로 묘족 은식에는 나비가 자주 사용된다. 은접잠(銀蝶簪), 은접조(銀蝶吊), 은접의편(銀蝶衣片) 등이 바로 그예이다. 묘족 복식 중에는 사람의 얼굴처럼 생긴 나비 형상이 있는데, 이는 더욱 사실적인 기법으로 나비를 묘사하여 나비어머니에 대한 존경과 숭배를 나타낸다. 단채현(丹寨縣) 팔채진(八寨鎭)에 사는 묘족의 부녀자들은 푸른 천으로 쪽을 덮어 씌었고, 푸른 천 이외에도 쪽의 뒷부분에 접잠(蝶簪)을 끼워 넣었다. 이것은 흑백 대비가 매우 강렬해서, 묘족 여인들의 나비어머니에 대한 정성을 충분히 표현하고 있다.

중화민족의 선현들은 보편적으로 용을 토템으로 숭배하였다. 문일다(聞一多) 선생은 토템에 대해서 다음과 같은 말들을 했다. "만약 우리가 중국 고대의 토템을 인정했다면, 당시 토템 민족이 그 수를 이루 헤아릴 수 없을 정도로 많아졌을 것이다." "현재에 용이라고 불리는 것은 원시 시대의 용

(뱀의 일종)과 합쳐져서 수많은 토템을 양산하였고, 종합적인 허구의 생물로 형성되었다.” “고대의 몇몇 주요 중화민족과 소수민족은 대부분 용을 토템으로 하는 민족이었다.” 묘족의 용은 실제 민속 중에서 중요한 보호신으로 나타난다. 대부분의 사람은 용이 자신의 집을 보호해준다고 여기고 있고, 이것에 대해서 추호도 의심하지 않았다. 묘족의 명절 중에는 ‘납룡진채(拉龍進寨)’, ‘제교(祭橋)’, ‘용선절(龍船節)’ 등이 있는데, 이것은 모두 풍년을 기원하기 위해 용에게 제를 지내는 의식이다. 묘족 복식에는 뱀의 몸에 사람 머리를 한 용의 형상이 있어, 뚜렷한 토템의식을 갖추고 있음을 알 수 있다. 현지에서는 이러한 용을 암컷과 수컷으로 나누었는데, 붉은 얼굴은 수컷이고 흰 얼굴은 암컷을 나타낸다. 그리고 용의 배 부위에 구멍을 만들어서 그 안에 작은 사람 2명을 넣었다. 상서(湘西) 일대 묘족의 고가(古歌)에는 이런 용 문양에 대한 해석이 있다. 태곳적에 “대지에 용신인수(龍身人首)의 오기(烏基)가 나타나기 시작하자, 인수용신(人首龍身)의 대기(代基)도 생겨났다. 후에 12개의 종족이 번성하게 되었을 뿐만 아니라, 148개의 성씨가 생겨났다.” 이것으로 보아 뱀의 몸에 사람의 머리를 한 용은 인류의 시조임을 알 수 있다.

묘족 복식에서는 용 문양을 매우 자주 볼 수 있는데, 우룡(牛龍), 어룡(魚龍), 조룡(鳥龍), 양룡(羊龍), 오공룡(蜈蚣龍), 잠룡(蠶龍), 마룡(馬龍) 등이 있다. 또한, 수많은 은식에도 용 문양이 다소 반영이 되었다. 팔찌에 새겨진 사룡(蛇龍), 어추룡(魚鰍龍), 우비룡(牛鼻龍)이나 목걸이에 새겨진 기린용(麒麟龍) 등이 그 예이다. 각종 용 문양의 출현은 토템이 물화한 것이 아니라, 단지 원시 종교의 모든 사물에는 영혼이 있다는 사상이 복식이라는 문화 운반체에 예술로 반영된 것이다. 용은 묘족 은식 중에 가장 자주 보이는 형상으로, 용이 날아오르는 듯한 형상과 이룡희주(二龍戱珠)의 구도가 주로 사용된다. 그 형태와 구도는 주류인 한족의 ‘한룡(漢龍)’을 계승하거나 모방한 것이다. 하지만 그 문화에 내포된 의미는 한족의 용과는 현저한 차이가 있다.

고대 은상(殷商) 시기에는 현조(玄鳥)를 숭배했다. 『시경(詩經)』에 “하늘의 뜻으로 현조를 내려서 상(商)을 만들었다”라는 말이 나와 있는 것을 보면 그 이유를 알 수 있을 것이다. 현조의 원래 형상은 봉황이었고, 오늘날도 여전히 중화민족 문화의 토템 유물로 보존되고 있다. 지금까지도 세계적으로 수많은 민족이 여전히 새를 여성으로 표현하는 것은 생육을 상징하기 때문이고, 이 속에는 명확한 토템 의식이 숨겨져 있다. 묘족이 숭배하는 우상 속에는 하늘을 날아다니는 새들의 세상도 포함되어 있다. 검동남(黔東南)의 묘족 지역에는 적어도 3개 이상의 묘족 분파가 새의 이름으로 지어졌다. 그중에서 '알나(嘎雕)'는 새의 종족이라는 뜻이고, '채류(寨柳)'는 새 부리의 종족[현지에서는 제비를 '파류(叭柳)'라고 부름]이라는 뜻이다. 그리고 '대량(代良)'은 산차조(山岔鳥)나 청조(靑鳥)의 종족이라는 뜻이다. 이 새의 부리와 발은 붉은색이고, 깃털은 청색이다. 목은 짧고 꼬리가 길며, 크기는 학과 비슷하다. 현지에서 제비, 산차조, 청조는 모두 정령의 새로 알려져 죽이거나 식용을 금지하고, 죽은 후에는 장례를 치러주기도 했다. 반배(反排) 묘족은 이러한 숭배 사상을 은식을 만드는 데 더욱 많이 활용하였다. 반배 일대에서 유행하던 은표두배(銀飄頭排)는 새의 깃털로 만들어진 것으로, 이마에 착용하였다. 전해오는 말에 따르면 이들의 선조가 이곳으로 이전해 올 때 처음으로 본 것이 치조(雉鳥. 꿩)였는데, 그 아름다움에 놀라 이 새를 신조(神鳥)로 여겼다고 한다. 그래서 이곳에 정주하게 된 후에는 치조를 해치지 말라는 조훈(祖訓)을 만들었다고 한다. 후세 사람들은 이러한 전설을 기리기 위해 꿩의 깃털로 장식하였다.

시동(施洞) 일대에서 유행하던 은봉잠(銀鳳簪)에 있는 봉황의 원시 형태는 척우조(脊宇鳥)인데, 이것은 나비어머니의 전설이 나오는 「묘족고가12개단(苗族古歌12個蛋)」에 나타나고 있다. 이 노래 속에는 나비어머니가 알을 낳은 후에 척우조가 알을 품어 부화시켰다는 구절이 있다. 그래서 사람들은 척우조가 인류 창조에 도움을 주었다고 여겨 신조로 받들어 모시고 있다. 이 전설 속에 등장한 단풍나무, 나비, 새는 모두 인류 창조에 도움을 주어서, 오늘날까지도 현실사회에서 다른 방법으로 숭배되고 있다. 이와 같은 숭배 우상의 다원성은 토템의 연구에서 드물게 얻을 수 있는 사례이다.

조족(鳥族)의 매도 인류를 구원한 신조로 여겨졌다. 직금(織金) 용장향(龍場鄉)에 사는 묘족의 전설에 따르면, 홍수가 난 후에 인류는 남매 두 사람만 생존했다고 한다. 하지만 홍수가 났을 때 그들이 타고 있던 작은 배가 물이 빠지면서 가파른 언덕에 좌초되었다. 이때 매가 나타나 그들을 입에 물고 안전한 곳으로 옮겨 주었다고 한다. 오늘날까지 이 지역의 결혼 풍습 중에는 '노응토육(老鷹討肉)'의 의식이 남아 있다. 두 여성이 매의 분장을 하고 나타나서 인류를 받아들이는 흉내를 내면, 사람들이 그 생명의 은혜에 감사를 표하는 의식이다. 특정한 장소에서는 묘족 은식의 조문우형(鳥紋羽形)을 남성

의 머리 장식으로도 사용하였다. 시동에서 '용선절' 행사를 할 때, 배 위의 뱃사공은 삿갓을 쓴 후 그 가장자리에 두 개의 은으로 된 깃털을 꽂았다. 이것은 새를 숭배하는 관념이 물질화한 것이라고 볼 수 있다.

귀주 검하(劍河)에 사는 묘족은 잠자리 형상을 각별하게 여긴다. 잠자리를 연구할지 말지는 둘째로 하더라도 이것은 토템의 범주에 들어갈 만하다. 적어도 사람들은 그것에 대해 경건한 숭배 의식을 품고 있기 때문이다. 전설에 따르면 현지에서 독 모기가 성행하게 되자, 마을에 장애인이 생겨나 인류는 치명적인 재난에 직면하게 되었다고 한다. 이때 18세의 방향(榜香)이라는 여성이 홀연히 잠자리로 변하여 독 모기를 모두 먹어 치웠다. 이로 인해 인류는 지금까지도 보존될 수 있었다고 한다. 오늘날 검하에서는 모든 여성이 잠자리 형태의 은귀걸이를 귓불에 달아 '방향유(榜香由)'라는 이름을 되새기는데, '방향(榜香)'은 사람의 이름이고, 묘족의 언어로 '유(由)'는 잠자리를 뜻한다. 즉, '방향유'는 묘족 여성들이 귀에 착용하는 여신(女神)인 셈이다.

5

은식은 각각의 민족이 동시에 발전해 가면서, 민족 생활의 각 방면에 곧바로 진입하게 되었다. 여러 상황에서 은식은 형태와 문양을 변화시킬 필요가 없어졌다. 이미 특정 생활과 깊은 관계가 발생하였고 기능성이 갖춰져서, 은식은 실제 생활 속에서 다른 것으로 대체할 수 없는 것이 되었다. 은식의 이러한 기능은 각 민족의 연애와 결혼생활 및 종교생활에도 확연하게 드러난다.

묘족(苗族)은 원시 종교를 신봉하고, 여러 신을 숭배하였다. 그리고 귀신을 믿고 무속을 즐겼다. 선조들은 자연과 사회에 대한 이해와 인식을 하였으며, 대다수가 제를 지내거나 무속 혹은 종교적 관념으로 그것을 표현하였다. 이러한 사상은 오늘날까지 답습되고 있다. '만물유령관(萬物有靈觀)'에 의해서 생겨난 숭배 행위 및 '생장유호(生長維護)'를 위해 무속으로 악귀를 쫓는 것은 묘족 사회에서 만들어진 종교 분위기이다. 숭배하고 무속을 행하는 것은 모두 은식에 충분히 반영되고 있다. 특히 무속이 조성한 특수한 심미의식은 직접 묘족 은식의 형태에 영향을 미쳤다.

묘족은 다양한 신을 숭배하는데, 기산괴석(奇山怪石)이나 고수규등(古樹虯藤) 등을 모두 천신(天神)과 지신(地神)으로 받들어 모시고 있다. 하지만 묘족은 신 중에서도 선조를 가장 잘 받드는데, 특히 선조에게 제를 지내는 행사가 많다. 밥을 먹을 때마다 음식을 조금씩 선조에게 바치기도 하고, 명절에 조상에게 제사를 지내기도 한다. 결혼할 때나 작물을 파종할 때도 제를 지내고, 사냥하거나 병이 생겨도 제를 지낸다. 그뿐만 아니라 재난을 당하거나 분쟁을 해결하기 위해서도 제를 지냈다. 묘족은 조상을 원조(遠祖)와 근조(近祖)로 구분하여 제를 지낸다. 원조는 전설을 통해 과장되고 신격화된 인물로 최상급의 천신과 지신으로 여긴다. 이렇게 생겨난 숭배 의식은 복식에도 반영되었다. 묘족의 은각(銀角)은 이러한 숭배 의식의 물질화를 전형적으로 보여주는 것이라 할 수 있다. 각관식(角冠飾)은 묘족 지역에서 자주 볼 수 있는 것으로 은각관(銀角冠), 목각관(木角冠), 포각관(布角冠) 등이 있다. 각관식이 가진 원래 의미를 대다수의 묘족 지역에서는 찾아낼 수 없었지만, 검서북(黔西北)의 대화묘(大花苗)는 가는 죽멸편(竹篾片)으로 짠 치형(雉形) 각모(角帽)인 '치우관(蚩尤冠)'을 여전히 보존하고 있다. 검서북에 사는 대화묘의 복식에 이러한 이름이 붙여진 것으로 보아, 묘족의 대은각은 '치우지각(蚩尤之角)'에서 나왔음을 알 수 있으므로, 더는 추단하거나 추측해서는 안 된다. 어떤 사람은 이것을 소를 숭배하는 토템이 물질화된 것이라고 하는데, 이는 논의해 볼 만한 가치가 있는 것이다. 묘족의 은각은 명절이나 결혼 등의 중요한 행사에서 착용하는데, 이것은 은각을 신성시하고 있다는 것을 증명하는 것이다.

수족(水族)과 요족(瑤族)도 머리에 은각을 착용하는 풍습이 있다. 하지만 이 두 민족은 은각과 관련된 전설이 없고, 토템과 관련된 연관성도 찾아볼 수가 없다. 그래서 수족과 요족의 은각은 종교와는 관련이 없고, 오히려 문화와 관련이 있을 것이라고 추측된다.

묘족 무속의 특징은 실리와 실용이다. 무속 의식의 규정과 필요 때문에 묘족의 은식에는 불가사의하고 기이한 형태의 은식이 출현하였다. 묘족은 날카로운 물건이 악귀를 쫓을 수 있다고 믿었다. 운무산(雲霧山) 일대에 사는 묘족들이 분상(奔喪)을 하고 집으로 돌아가서는 반드시 집터의 왼쪽에 날카로운 화구(鏵口, 원시 경작 도구)나 갈퀏발을 두거나 가시가 많은 가시나무나 쪼개진 숫돌 등을 두었다고 한다. 그들은 이렇게 악귀를 쫓아 버린 후에야 안심하고 집으로 들어갔다. 파패(擺貝) 묘족 사이에 유행하던 24개의 추(錐)가 달린 은두파(銀頭帕)는 무속 의식 중에 사용하던 액막이 물건들을 변형한 후에

복식에 반영한 것이다. 무속 의식의 수요에 따라, 은파(銀帕)의 형태는 고대 말액(抹額)의 형상을 그대로 답습하였다. 날카로운 원형 추각(錐角)이 들어간 문양은 장신구라고 부르기보다는 액막이 물건이라고 하는 편이 낫다. 이것은 무속을 중시하고 예술을 경시하는 초지(初志)에 기인한 것이고, 이 은파는 다르게 디자인되어 독특한 예술성을 형성하였다.

은식의 액막이 기능은 매우 광범위하다. 귀주(貴州)의 대강(臺江)에 사는 묘족이 특수 제작한 팔찌는 은(銀), 동(銅), 철(鐵)을 실처럼 꼬아서 만든 것이다. 현지 묘족들은 동은 귀신을 쫓아 버리고, 철은 재앙을 몰아내고, 은은 병을 물리쳐서 액막이할 수 있다고 믿었다. 대방(大方)의 묘족은 물을 마실 때, 먼저 팔찌를 우물이나 샘에 넣어 본 후에야 마셨다. 황평(黃平), 대강, 단채(丹寨) 등지에 사는 묘족의 은식에 나타난 부처 문양에는 모두 비호와 액막이 기능이 있다. 단채 묘족 여성들의 은위요련(銀圍腰鏈)은 생명을 보호하는 부적으로 여겨졌다. 이 것은 반드시 외숙이 사람을 시켜 제작하게 하였고, 한번 착용하게 되면 영원히 몸에서 떼어낼 수 없다. 이혼하거나 개가(改嫁)를 하게 되더라도 이것은 반드시 몸에 지니고 가야 했다. 은식의 액막이 기능은 다른 곳에도 영향을 미쳤다. 단채 묘족 여성들의 수장품(隨葬品) 중에는 특별 제작된 소형 은각과 은완(銀碗)이 있다. 대강에 사는 묘족이 죽으면, 풍습에 따라 묘혈(墓穴)에 소량의 은 부스러기를 뿌리거나 은와(銀窩)를 함께 매장하였다.

묘족의 은식은 스스로 만들어낸 부족의 부호이다. 대외적으로는 민족을 상징하는 부호이고, 대내적으로 분파를 구별하는 부호이다. 개인적으로는 나이와 성별을 나타내는 부호이고, 특히 결혼 여부를 식별하는 것으로 이것만큼 정확하게 드러나는 것이 없다.

명대(明代)부터 귀주 각 민족의 은식은 일부 지역에서 결혼 여부를 식별하는 기능을 갖추고 있었다. 오늘날까지도 이러한 기능은 잘 보존되어 있다. 일반적으로 은식은 주로 미혼 여성들이 장식하던 것이었다. 귀주의 청수강(淸水江)과 도류강(都柳江) 유역의 은식 성장(盛裝)은 그 옷을 입은 사람에 대한 세 가지 속뜻이 담겨 있다. 첫째, 치장을 한 사람은 이미 사춘기에 접어들었음을 나타낸다. 풍습에 따라 쪽을 짓지 않은 여자아이는 은식 성장을 입을 수 없을 뿐만 아니라, 성인 여성들의 은식을 사용할 수도 없다. 사실상 계례(笄禮) 의식을 치른 여성만이 노생장(蘆笙場)으로 들어올 수 있었다. 둘째, 치장을 한 사람은 아직 결혼하지 않았다는 것을 나타낸다. 묘족의 여성들은 일단 결혼을 하고 출산하게 되면, 규정에 따라 옷차림을 바꾼다. 셋째, 치장을 한 사람은 배우자를 구하고 있다는 것을 나타낸다. 대다수 지역의 노생장에서는 은식으로 성장한 것이 출입을 할 수 있는 입장권을 대신하기도 하고, 주변의 젊은 남자들에게 자신의 자격증을 선보이는 것과도 같다. 은식으로 성장을 하지 않으면, 아무리 용모가 빼어난 여성이라도 한 명의 구경꾼에 지나지 않는다.

일부 묘족 지역의 연애 풍습 중에서 은식은 결혼을 알리거나 결혼을 약속하는 물건으로 사용되었다. 직금(織金)의 묘족 아가씨들은 명절에 구혼할 때 채색된 자수 배선(背扇)을 입었고, 그 위에 반드시 은령조(銀鈴吊) 한 줄을 달았다. 아가씨들이 입은 배선은, 첫째로, 그들이 총명한 데다 손재주도 있다는 것을 나타내고, 둘째로, 생식 능력을 갖추고 있음을 암시한다. 마지막으로, 가정이 부유하다는 것을 표현한다. 도균(都勻) 파고(壩固)의 묘족 청년은 정해진 은식을 선물하여 결혼을 약속한다. 젊은 남성이 아가씨와 결혼을 약속할 때는 은팔보혜(銀八寶鞋)를 선물하고, 이것을 받은 아가씨는 답례로 은 담뱃갑을 선물한다.

미혼 여성은 은식에 자신만의 전용 장신구를 다는데, 이미 결혼한 여성은 설령 그것을 가지고 있더라도 사용할 수가 없다. 귀주 여평(黎平) 묘족의 은우발잠(銀羽髮簪), 반배(反排) 묘족의 은표두배(銀飄頭排), 황평 묘족의 은위요(銀圍腰), 뇌산(雷山) 묘족의 은각과 은화발잠(銀花髮簪), 시동(施洞) 묘족의 은선(銀扇)과 은의(銀衣) 등등 헤아릴 수 없을 정도로 많다.

은식은 동시에 결혼을 상징하기도 한다. 묘족의 결혼한 부녀자는 일반적으로 몸에 은장식을 하지 않고 동곳, 귀걸이, 팔찌 등 소량의 은장식만을 하였다. 반면에 일부 지방에서는 풍습에 따라 이미 결혼한 사람만이 자신의 전용 은장식을 할 수 있었고, 결혼하지 않은 사람은 착용할 수 없는 경우도 있었다. 귀주의 뇌산 도강(桃江)에 사는 여성은 기혼의 상징으로 넓은 은화소(銀花梳)를 꽂았고, 종강(從江) 필화(筆和)에 사는 여성은 월형(鉞形) 동곳을 꽂았다. 도균 파고의 여성은 쪽의 꼭대기에 연은잠(鈿銀簪)을 꽂았고, 단채 팔채(八寨)의 여성은 정교한 접잠(蝶簪)을 꽂았다. 혜수(惠水) 파금(擺金)의 여성은 장례식에 참석할 때만 은잠을 착용하는 것이 허락되었다. 기혼 여성의 전용 은식은 상징의 의미 이외에도, 결혼한 후에 바뀐 쪽의 형태에 적응할 수 있는 실용적인 면도 갖추고 있다.

다른 소수민족의 은식에도 결혼 여부를 판단하는 기능이 있다. 진녕(鎭寧) 포의족(布依族) 여성은 결혼 전에는 은잠을, 결혼 후에는 은통(銀筒)을 착용했다. 은통은 머리에 딱 맞게 붙여 쪽을 가리는 '가각(假壳)'이라고 불리는 모식(帽飾)의 일종이다. 여성의 출산 전후는 옷차림을 바꾸는 경계선이라고 할 수 있다. 결혼했지만 아직 출산하지 않은 여성도 마찬가지로 가각을 썼는데, 신랑은 여기에 돈을 들일 것을 염두에 두고 있어야 했다. 가각을 쓰는 풍습은 민족적 색채를 풍부하게 만들었다고 할 수 있다. 마강(麻江) 요족(瑤族)의 여성은 결혼 전에는 은식을 하지 않고, 결혼한 후에야 머리 뒤에 쪽을 짓고 은편잠(銀片簪)을 꽂고 은포(銀泡)를 장식했다. 동족(侗族)과 수족(水族)의 여성은 결혼 전에만 은화모(銀花帽)와 은목걸이를 착용할 수 있고, 결혼 후에는 착용할 수 없었다. 이렇게 장식하는 풍습은 요족과는 상반되고, 묘족과는 매우 비슷하다.

은식은 일부 지역에서는 남성의 결혼 여부를 상징하기도 한다. 귀주 여평 묘족의 남성들은 목걸이를 즐겨 착용하였는데, 결혼 전에는 3개를, 결혼 후에는 1개를 착용하였다. 1980년대에 들어서면서 착용하는 고리의 수가 증가하기 시작했다. 미혼인 사람은 5개 이상을 착용하였고, 결혼 후에는 3개만 착용하였다. 종강 서산(西山)에 사는 동족의 미혼 남성은 은권파(銀圈帕)를 착용하였고, 결혼한 후에는 그것을 착용하지 않았다.

묘족 은식은 더는 단순한 예술품이 아니다. 은식은 묘족 문화에 깊숙이 뿌리내리고 있을 뿐만 아니라, 토템·종교와 무속·역사·민속 생활 속에서 영향을 미치고 있다. 이로 인해 은식의 사회적 기능과 문화적 함의는 크게 확장되었다. 은식은 외부적으로는 민족을 상징하면서 내부의 작용을 유지하기도 한다. 은식을 숭배물로 사용하여 같은 선조의 자손끼리 긴밀하게 결집시키기도 한다. 또한, 은식을 무속의 도구로 사용하여 사람들이 생활 속에서 안도감을 느끼게 한다. 은식은 결혼 여부를 상징하여 혼인 생활에 대한 질서를 유지하고, 바라는 바를 표출하여 희망에 날개를 달아주는 역할을 하기도 한다. 의식의 물질화는 묘족 은식의 보수적인 속성에 의해 결정되었다. 그것은 일정한 단계가 되면 시간적 제약으로 인한 변화나 도태를 당하지 않고, 현대문명으로 인해 충격을 받지도 암흑기를 보내지도 않을 것이다.

은식에 대한 수요가 많아지면서, 귀주의 은세공 기술은 큰 발전을 하였다. 검동남(黔東南)의 경내에는 가내 수공업 형태로 은세공을 하는 곳이 수백 수천에 달하고, 은식 가공업에 종사하는 사람도 수천에 달할 정도로 그 수가 매우 많았다. 가내 수공업을 하는 곳 대다수는 부자간이나 부부간에 기술을 계승하고 있다. 이런 수공업 공장은 농번기에는 화로를 막고 농한기에는 망치를 잡는데, 이는 모두 농경생활 환경에서 크게 벗어나지 않는 것이다.

검동남 경내의 묘족·동족 은세공 기술자는 정점형(定点型)과 유주형(遊走型)으로 나뉜다. 정점형 기술자는 자신들의 집에서 주문을 받아 은식을 가공하였고, 서비스가 제한적이었다. 이들은 일정한 구역에서 단독 혹은 집단으로 은식을 가공하였다. 은식을 주문하는 고객 모두가 같은 분파의 사람들이라서, 이들을 분파 내부의 은세공 기술자라고 부르기도 했다. 정점형 은세공 기술자들의 분포와 수는 지역의 환경과 시장 수요에 따라 자연적으로 조절되었다. 묘족의 은세공 기술자들은 대구(大溝), 시동(施洞), 배양(排羊), 서강(西江), 만수(灣水), 왕가패(王家牌) 등지에 많았고, 동족은 이류(已流)에 가장 많이 집중되어 있다. 그리고 수족은 왕사(王司)가 가장 대표적인 곳이다. 유주형 기술자는 농번기에는 가내 수공업 형태로 일하고, 농한기에는 짐을 꾸려서 외부로 나가 손님을 찾아가며 장사를 하였다. 일반적으로 은세공 기술자마다 모두 자신만의 노선이 정해져 있다. 그들은 자신의 분파나 민족의 은식 가공에만 국한하지 않고, 여러 곳을 다니면서 다른 분파나 민족의 은식을 모두 가공하였기 때문에 모든 스타일에 정통했으며, 이리저리 다니면서 자유자재로 은식을 가공하여 지역 은세공 기술자라고도 불렸다. 조사에 따르면 검동남의 묘족과 동족의 은세공 기술자는 광서(廣西) 북부 지역과 호남(湖南) 서부 지역에 이르기까지 전국의 성(省)을 모두 돌아다녔다고 한다.

검동남의 경내에는 은세공 기술자가 매우 많았기 때문에 뇌산(雷山) 대구향(大溝鄉)의 공배(控拜), 마료(麻料), 마고(馬高) 등지에는 묘족 은세공 기술자 마을이 형성되었고, 여평 수구향(水口鄉)의 이류에는 동족 은세공 기술자 마을이 형성되었다. 이 은세공 촌에는 수백 채의 집이 있고, 그중 80% 이상이 은식 가공을 부업으로 하고 있다. 농한기에는 집집마다 댕그랑거리는 소리가 끊임없이 들려오고, 마을이 화로의 연기로 자욱하여 온통 분주한 모습이다. 유주형 은세공 기술자는 대다수가 은세공 촌 출신이다. 은세공 촌에는 이미 너무 많은 은세공 기술자들이 밀집해 있었기 때문에, 이를 분산시키기 위해 일부 기술자들을 외부로 내보내 장사하게 하였다. 은세공 촌은 귀주 지역에서만 볼 수 있는 특이한 경우로, 전국에서도 거의 찾아볼 수 없을 정도이다.

과거 각 민족의 은세공 기술은 자식이 아버지의 가업을 이어받는 수공예 전수에서 벗어나지 않았지만, 현재는 이것을 전수받는 사람이 점점 늘어나고 있다. 과거에는 은식을 가공하는 주요 원료로 은원(銀元)과 은정(銀錠)을 사용하였다. 각 지역 은식에 사용하던 은의 순도(純度)는 현지에서 통용되던 은화를 기준으로 하였다. 1950년대 이후에는 정부가 묘족의 전통적인 은식을 계속해서 유지하기 위해, 매년 은을 헐값에 제공해 주었다.

은식은 가내 수공업 형태로 모두 손으로 직접 제작을 한다. 주문을 받으면 기술자가 정련한 은으로 박편(薄片), 은조(銀條), 은사(銀絲)를 만들고, 압(壓), 참(鏨), 각(刻), 누(鏤) 등의 공예 기술을 이용하여 정교하게 문양을 제작한다. 그런 후에 용접하거나 편직(編織)하여 완성품을 만들어낸다.

은식의 제작과정은 매우 복잡하다. 하나의 은식을 만들어내려면, 10~20차례의 공정을 거쳐야 비로소 완성된다. 그리고 은식의 원래 형태는 은세공 기술자의 뛰어난 수공예 기술을 요구하기 때문에, 은식의 고수들도 완성해내기가 매우 어렵다.

각 민족 여성들은 은식이 새하얗고 흠집이 없는 것을 좋아하기 때문에, 묘족의 은세공 기술자들은 은식을 가공하는 것 이외에도 은식이 오염되지 않게 하려고 노력한다. 그래서 이것을 '세은(洗銀)'이라고도 부른다. 먼저 은식에 붕사수(硼砂水)를 칠하고, 숯불로 은식에 붙어 있는 산화층을 태워 없앤다. 그런 후에 명반수(明礬水)를 넣은 자동과(紫銅鍋)에 집어넣어서 끓인다. 다시 이것을 꺼내서 맑은 물로 씻은 후에 동쇄(銅刷)로 깨끗하게 정리한다. 이와 같은 과정이 모두 끝나면 은식은 새것처럼 빛을 발하게 된다.

은식(銀飾)의
제작과정

은 재단

은식 모형

충압(沖壓) 반제품

정교한 조각

성형된 은의편(銀衣片)

완성품 도련(刀鍊)

은사 인발(引拔)가공

은식 결합

용접 조합

완성된 은식

은제품 세척

세척 전후

각종 모형

각종 부품

각종 공구

목차

머리말	5
귀주(貴州) 민족의 다양한 은식(銀飾) 탐구	11
은식(銀飾)의 제작과정	44

청수강(淸水江) 유역편	51
도류강(都柳江) 유역편	141
기타 지역편	219

후기	262

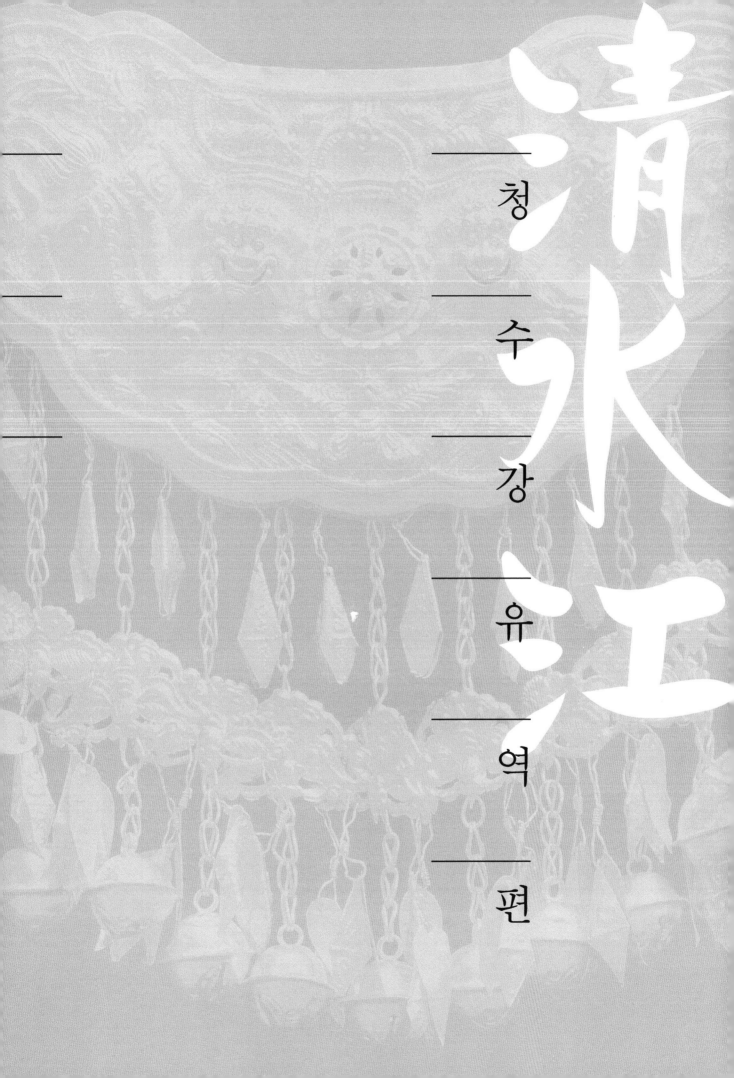

清水江

청 수 강 유 역 편

묘족(苗族) 이룡희주(二龍戲珠) 대은각(大銀角)
높이 75cm 너비 82cm 무게 1125g

순은으로 제작되었고, 은각의 양 끝이 붕긋하게 일어나서 소뿔의 형상을 보인다. 이룡희주 문양이
장식되어 있고, 은각의 중앙에는 두 마리의 봉황이 꽃을 향하고 있는 모습이 새겨져 있다. 이 은각
은 부피가 큰 편이지만, 매우 소박하고 고풍스럽다. 은각은 묘족 남성들이 자신의 용맹함을 과시
하기 위해 최초로 착용한 것이다. 고대 전쟁 시기에 묘족은 외세의 침략을 막기 위해, 수소의 뿔로
머리를 장식하여 자신의 위용을 드러내었다. 이후에 부녀자들이 이 은각 장식을 따라 하게 되었
다. 청수강(淸水江) 유역에 사는 일부 묘족 분파의 처녀들이 시집을 가거나 명절 행사를 치를 때,
머리에 대은각(大銀角)을 써서 자신의 아름다움을 뽐냈다. 이 은각 장식은 검동남(黔東南)의 뇌
산(雷山) 서강(西江) 지역까지 유행하였다.

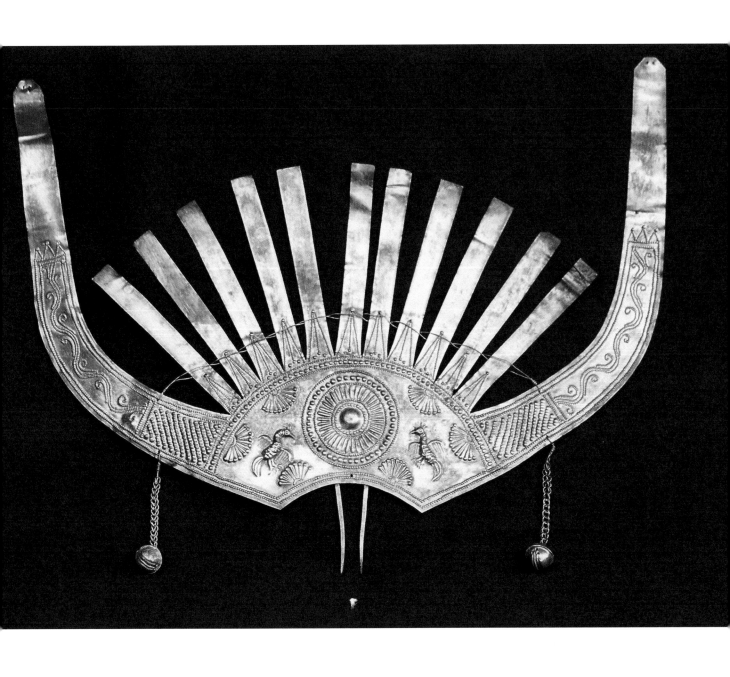

묘족(苗族) 선형(扇形) 은각(銀角)
높이 36cm 너비 40.7cm 무게 124.7g

순은으로 제작된 접선(摺扇) 형태의 은각이다. 양 끝의 높은 부분은 소뿔처럼 생겼고, 그 아래에
는 방울을 드리우고 있다. 뿔의 중앙에는 태양 문양이 있고, 양쪽에는 참계(鏨鷄)와 망문(芒紋)이
대칭으로 놓여 있다. 중앙에는 2가닥으로 된 삽침(揷針)이 있다. 개리(凱里) 단계(丹溪)의 묘족
여성들이 성장(盛裝)할 때 머리에 장식하는 것이다.

묘족(苗族) 호접(蝴蝶) 은위두고(銀圍頭箍)
길이 22cm 너비 30cm 무게 225g

순은으로 제작되었고, 반원형의 테두리 위에 은사(銀絲)로 9마리의 나비를 고정하였다. 나비의 머리에는 봉황 머리가 달려 있고, 입에는 매화를 물고 있다. 중앙에는 용접된 막대형 삽침(揷針)이 달려 있고, 양 끝에는 발잠(髮簪, 동곳)이 드리워져 있다. 이것은 대강(臺江) 시동(施洞)의 묘족 여성들이 머리에 두르는 장신구이다.

묘족(苗族) 용봉문(龍鳳紋) 은각(銀角)
높이 35cm 너비 32cm 무게 380g

순은으로 제작되었고, 양 끝이 위로 솟아올라서 소뿔처럼 보인다. 중간에 있는 은편(銀片) 4개는 양쪽 끝보다 높게 솟아 있고, 양쪽에는 쌍룡(雙龍) 문양이 대칭으로 놓여 있다. 중앙에는 2명의 신선이 화륜(火輪)을 함께 떠받치고, 그 화륜 안에는 둥근 거울이 끼워져 있다. 은각의 양쪽에는 봉황을 타고 있는 두 신선과 봉황 4마리의 형태가 용접되어 붙어 있고, 은각의 뾰족한 부분에는 나비 방울이 달려 있다. 묘족 여성들의 이러한 머리 장식은 액막이 기능이 있을 뿐만 아니라, 숭배 사상을 나타내기도 한다. 이 은각은 대강(臺江) 시동(施洞) 지역의 묘족 여성들이 명절에 성장(盛裝)할 때 머리에 착용하는 장신구이다.

묘족(苗族) 13지화(十三支花) 은발잠(銀髮簪)
길이 16㎝ 너비 20㎝ 무게 125g

순은으로 제작되었고, 콩팥 형태의 은패(銀牌) 위에 은사(銀絲)로 나비, 작조(雀鳥), 차화(茶花)를
달았다. 용수철로 만든 꽃줄기의 끝에는 4마리의 사마귀, 3마리의 봉황, 6송이의 진달래가 장식되
어 있다. 예전에는 이것을 '은13지화(銀十三支花)'라고 불렀다. 이것은 대강(臺江) 시동(施洞)의
묘족 여성들이 머리 뒤에 비스듬하게 꽂아서 장식하는 발잠(髮簪)이다.

묘족(苗族) 춘아화(春芽花) 은삽잠(銀揷簪)
높이 20cm 너비 20cm 무게 83.7g

콩꽃 형태의 은패(銀牌) 위에 춘아화(春芽花) 몇 송이가 달려 있고, 꽃술에는 붉은색, 녹색, 파란
색의 구슬이 장식되어 있다. 중앙에는 2가닥으로 된 삽침(揷針)이 용접되어 붙어 있다. 은사(銀
絲)를 꼬아서 용수철 형태로 꽃줄기를 만들었기 때문에, 이것을 착용하고 움직이면 춘아(春芽)
가 흔들거리면서 청아한 소리가 난다. 이것은 뇌산(雷山) 일대의 묘족 여성들이 명절에 성장할
때 머리에 장식하던 장신구이다.

묘족(苗族) 이룡창보(二龍搶寶) 은각(銀角)
높이 28cm 너비 22.5cm 무게 180g

순은으로 제작되었고, 은편(銀片)에 용 문양이 새겨진 소뿔 형태의 은각(銀角)이다. 중간에 있는
은편 2개는 양쪽 끝보다 높이 솟아 있고, 양쪽 끝의 뾰족한 부분에는 화륜(火輪)이 장식되어 있
다. 중앙에 있는 화륜에는 둥근 거울이 끼워져 있어, 두 마리의 용이 구슬을 뺏으려고 하는 형상처
럼 보인다. 위쪽에는 모란, 기린, 쌍어(雙魚), 쌍봉(雙鳳)이 용접되어 있어서 매우 화려해 보인
다. 이것은 대강(臺江) 시동(施洞) 묘족 여성들의 머리 장식으로 사용되었다.

묘족(苗族) 봉황향령(鳳凰響鈴) 은화잠(銀花簪)(우측)
길이 21cm 너비 18cm 무게 175g

순은으로 제작되었고, 원호형(圓弧形) 은패(銀牌) 중앙에 은사(銀絲)로 모란꽃을 달았다. 양쪽에
는 두 마리의 봉황이 날개를 펼치고 날아가는 듯한 형상이 있고, 그 주변에는 여러 마리의 작은
봉황이 장식되어 있다. 그 아래에는 잠두(蠶豆, 누에 콩)와 나팔 술 장식이 드리워져 있어, 이것을
착용하고 움직이면 청아한 소리가 난다. 대강(臺江) 시동(施洞)에서 유행한 장식으로, 현지 묘족
여성들이 명절에 성장할 때 머리 뒤에 꽂는 장신구이다.

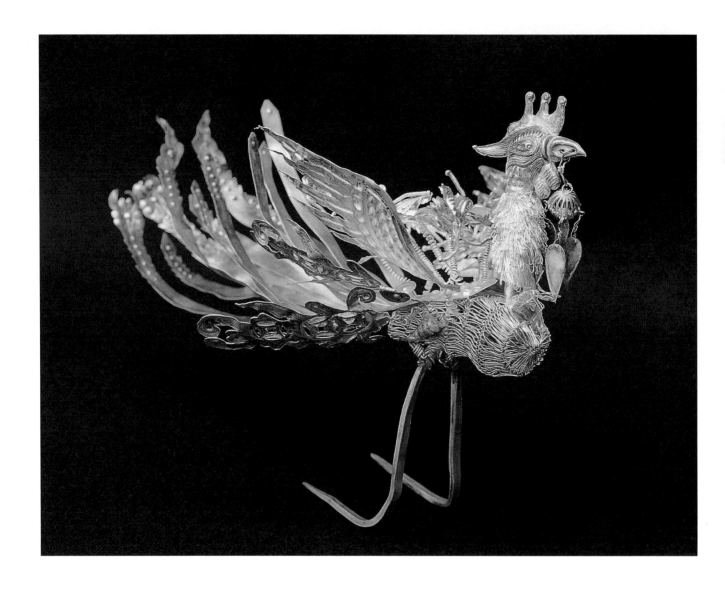

묘족(苗族) 은봉발잠(銀鳳髮簪)
길이 20㎝ 무게 186g

순은으로 제작되었고, 봉황이 입에 등불을 물고 날아가려고 하는 형상이다. 양쪽 날개에는 은
사(銀絲)로 한 쌍의 나비를 달았고, 봉황의 몸은 은사로 엮어져 있어 생동감이 느껴진다. 이것은
대강(臺江) 시동(施洞) 묘족 여성들의 머리 장식으로 사용되었다.

묘족(苗族) 은발잠(銀髮簪)(우측)
길이 35cm 무게 625g

순은으로 제작되었고, 긴 막대 형태의 은패(銀牌) 위에 은사(銀絲)로 은화(銀花) 몇 송이를 달았
으며, 꽃술에는 컬러로 된 구슬이 장식되어 있다. 중앙에는 봉황 한 마리가 있고, 그 주변에는 새
가 장식되어 있다. 아래에는 2가닥으로 된 편조형(扁條形) 삽침(揷針)이 있고, 전체 형태는 은사
(銀絲)를 꼬아서 만든 부채꼴 형태이다. 이것은 발잠(髮簪) 중에서도 부피가 큰 편이고, 머리의 좌
우에 대칭되게 장식하였다. 뇌산(雷山) 서강(西江) 일대에서 유행한 장신구이다.

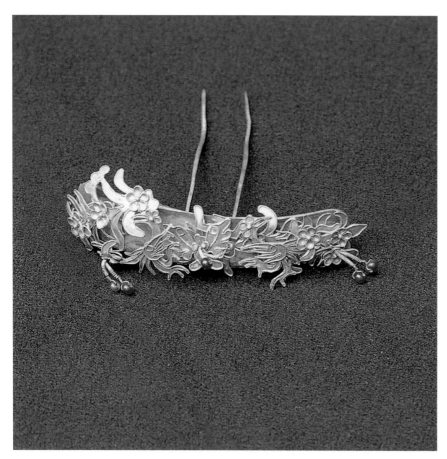

묘족(苗族) 화조호접(花鳥蝴蝶) 은발잠(銀髮簪)
길이 15cm 너비 10.4cm 무게 34.8g

긴 막대 형태의 은편(銀片) 위에 은사(銀絲)로 꽃, 나비,
새를 달았고, 꽃술은 붉은색과 녹색 구슬로 장식했다. 아
래에는 2가닥의 편조형(扁條形) 삽침(插針)이 있다. 이것
은 개리(凱里)와 대강(臺江) 일대에 사는 묘족 여성들이
즐겨 하는 발잠이다.

묘족(苗族) 접형(蝶形) 발잠(髮簪)
길이 15cm 너비 19.4cm

나비 형태로 생긴 발잠으로 꼭대기에는 새가 있고, 나비의
몸통에는 외가닥의 삽침(插針)이 있다. 이것은 대강(臺江)
시동(施洞)의 묘족 여성들이 쪽 위에 하는 장신구이다.

묘족(苗族) 접서화(蝶鼠花) 은발잠(銀髮簪)

콩팥 형태의 은패(銀牌) 위에 은사(銀絲)로 꽃, 새, 쥐 문양을 달았다. 은패에는 7개의 용수철로
된 꽃줄기가 뻗어 있고, 줄기 끝에는 나비, 꽃, 나뭇잎이 달려 있다. 묘족 사람들은 집에 곡식이 있
어야 쥐가 생긴다고 믿었기 때문에, 이 장신구는 생활이 풍족함을 나타내는 것이다. 이 발잠은 대
강(臺江) 시동(施洞) 묘족 여성들의 머리 장식으로 사용되었다.

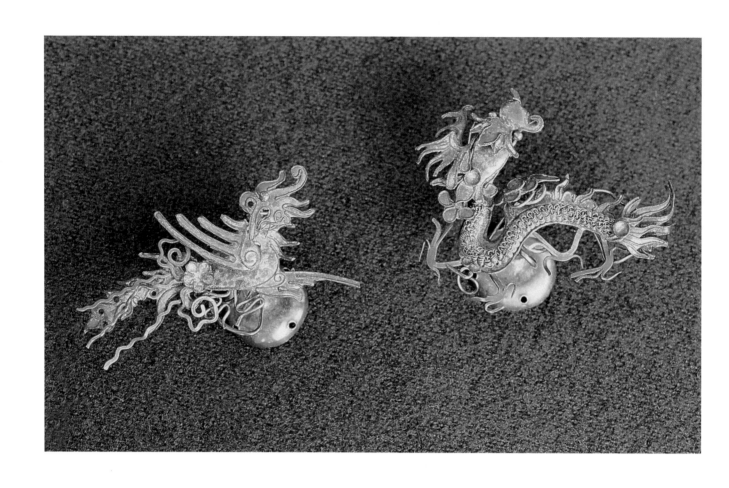

묘족(苗族) 용봉창보(龍鳳搶寶) 은모식(銀帽飾)
용길이 5.5cm 용너비 1.2cm 봉황길이 5cm 봉황너비 1.2cm 무게 5.5g

조각된 비룡(飛龍)과 비봉(飛鳳)이 서로 대립하는 모습으로 만들어졌고, 용과 봉황 장식의 중간
에는 각각 원형 장식물이 있다. 이것은 대강(臺江) 시동(施洞) 묘족 아이들의 모자 장식으로 사용
되었다.

묘족(苗族) 쌍작형(雙雀形) 은삽침(銀揷針)
길이 4.7cm 너비 1.2cm 무게 4.8g

삽침(揷針) 표면은 초승달 형태이고, 가장자리에는 밧줄 문양이 장식되어
있다. 원래는 한 쌍의 비작(飛雀)이 초승달 위에 앉아 있는 모습이었는데,
현재는 한 마리만 남아 있고 침도 훼손되었다. 이 삽침은 대강(臺江) 시동
(施洞) 묘족 여성들의 장신구로 사용되었다.

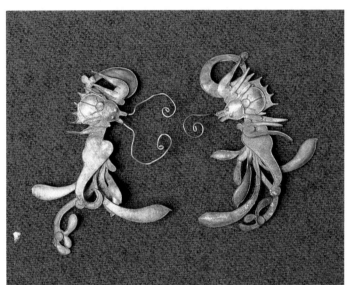

묘족(苗族) 초충형(草蟲形) 은삽침(銀揷針)
길이 6cm 너비 5cm 무게 7.8g

2개가 한 쌍이고, 기다란 촉수가 돌돌 말린 무당벌레가 난초 위를 기어오르
는 형상으로 만들어졌다. 이것은 대강(臺江) 시동(施洞) 묘족 여성들의 머
리 장신구이다.

묘족(苗族) 은봉모식(銀鳳帽飾)
길이 4cm 너비 2cm 무게 6.7g

두 개가 한 세트로 구성된 이 장신구는 한 쌍의 봉황이 은으로 된 꽃모양
받침대 위에서 고개를 하늘로 쳐들고 있는 형태로 되어 있다. 바깥으로 말
린 봉황의 날개에는 연주(連珠)문양이 장식되어 있고, 봉황의 부리에는 나
뭇잎 형태의 술장식이 물려 있다. 이것은 대강(臺江) 시동(施洞)에 사는 아
이들의 모자 장식이다.

묘족(苗族) "육보(六寶)" 은모식(銀帽飾)
직경 3cm　무게 3.4g

원형으로 된 동모식(童帽飾, 아동 모자 장식)으로, 가장자리에는 천칭, 자, 통서(通書), 주판, 가위, 붓 문양이 장식되어 있다.

묘족(苗族) "육보(六寶)" 은모식(銀帽飾)
길이 3.5cm　너비 3.1cm　무게 3.1g

잡은(雜銀)으로 제작된 육각형 테두리의 은모식으로, 가장자리에는 천칭, 주판, 가위, 자, 통서(通書), 붓 문양이 있다. 이것은 대강(臺江) 시동(施洞) 묘족 아이들의 모자 장식이다.

묘족(苗族) "팔괘(八卦)", "육보(六寶)" 은모식(銀帽飾)
길이 2.3cm　너비 2.5cm　무게 3g

잡은(雜銀)으로 제작된 육각형 형태의 은모식으로, 가장자리에는 통서(通書), 자, 천칭, 주판, 가위, 붓 문양이 있다. 중간에 있는 원형 보석에는 팔괘문(八卦紋)이 장식되어 있다. 이것은 대강(臺江) 시동(施洞) 묘족 아이들의 모자 장식이다.

묘족(苗族) 향령포은목소(響鈴包銀木梳)
길이 8cm 너비 4.5cm 무게 45.7g

삼각형 모양의 나무 빗으로, 빗 등 부분은 은(銀)으로 싸여 있다. 은편(銀片) 위에 은사(銀絲)로 새
우 문양을 붙여 놓았고, 빗 등에는 나뭇잎을 달아서 움직일 때마다 달랑거리는 소리가 들린다. 이
것은 개리(凱里) 단계(丹溪)와 대강(臺江) 일대의 묘족 여성들이 쪽을 지을 때 사용하는 장식이다.

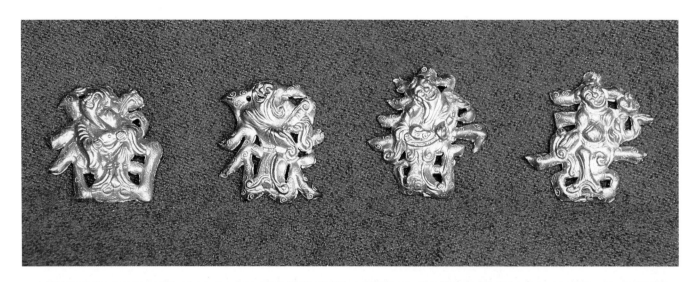

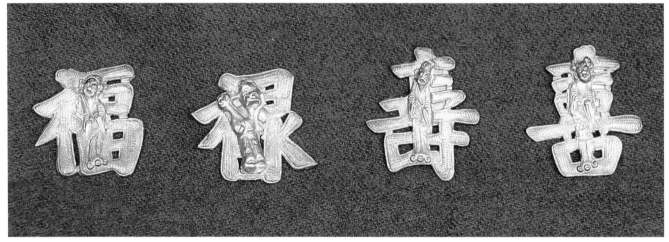

묘족(苗族) "복록수희(福祿壽喜)" 은모식(銀帽飾)
길이 3cm 너비 3cm 무게 14.7g

행체(行體)로 쓰여진 4글자를 은으로 투각하여 만든 것이다. '복(福)'자에는 복상(福像)노인이 주조되어 있고, '녹(祿)'자에는 머리에 관모(官帽)를 쓰고 손에 여의(如意)를 들고 있는 관원이 새겨져 있다. '수(壽)'자에는 수성(壽星, 남극노인성)이 주조되어 있고, '희(喜)'자에는 보살(菩薩)이 새겨져 있다. 이 4글자는 한 세트로 대강(臺江) 시동(施洞) 묘족 아이들의 모자에 장식하던 것이다.

묘족(苗族) "복록수희(福祿壽喜)" 은모식(銀帽飾)
길이 3cm 너비 3cm 무게 18.7g

4개가 한 세트로 해서체(楷書體)로 쓰인 글자를 은으로 투각해서 만든 모자 장식이다. 이것은 자식에 대한 부모의 관심을 표현한 장신구이다. 4개의 글자에 모두 부처의 입상(立像)이 장식되어 있는데, 이것은 자식들이 부처의 비호 아래에서 안전하게 자라기를 바라는 부모의 마음이 담긴 것이다. 글자 전체에는 물고기 비늘 문양이 장식되어 있다. 묘족 사람들은 물고기를 상서로운 동물로 여기기 때문에, 이런 문양으로 장식하면 아이들이 병치레를 하지 않고 자손도 많이 낳을 것이라고 믿고 있다. 이것은 민족 번영을 상징하는 장신구이다.

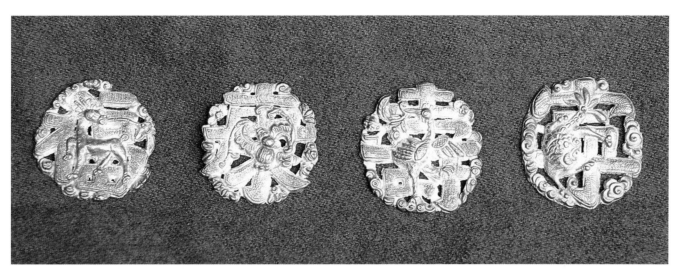

동족(侗族) "복(福), 수(壽), 강(康), 녕(寧)" 은모식(銀帽飾)
직경 3.7cm 무게 13.9g

4개가 한 세트로 글자의 테두리에는 꽃잎 문양을 둘러서 장식하였고, 외원내방(外圜內方, 겉은 둥글고 속은 네모난 형태)의 구조로 된 은모식이다. 글자마다 상서로운 동물들이 장식되어 있다. '복(福)'자에는 산노루가 꼬리 쪽으로 머리를 돌리고 입에는 가지를 물고 있는 형상이 있고, '수(壽)'자에는 선학(仙鶴)이 고개를 들고 날개를 펼쳐서 노니는 형상이 있다. '강(康)'자에는 매미가 가지 위에서 울고 있는 형상이 있고, '녕(寧)'자에는 어룡(魚龍)이 춤추듯이 입수하는 형상이 있다. 이 네 마리의 동물문양 장식은 한 세트로 구성된 아름답고 조화로운 아이들의 모자 장식이다.

묘족(苗族) "장명부귀(長命富貴)" 은모식(銀帽飾)
직경 3cm 무게 5.2g

4개가 한 세트로 잎과 가지가 달린 석류의 형상을 하고 있다. 석류 위에는 '장(長)', '명(命)', '부(富)', '귀(貴)'가 새겨져 있다. 석류의 수많은 알은 자손의 번성을 상징하는 것으로, 이 장신구는 아이들의 모자에 달아서 사용하였다.

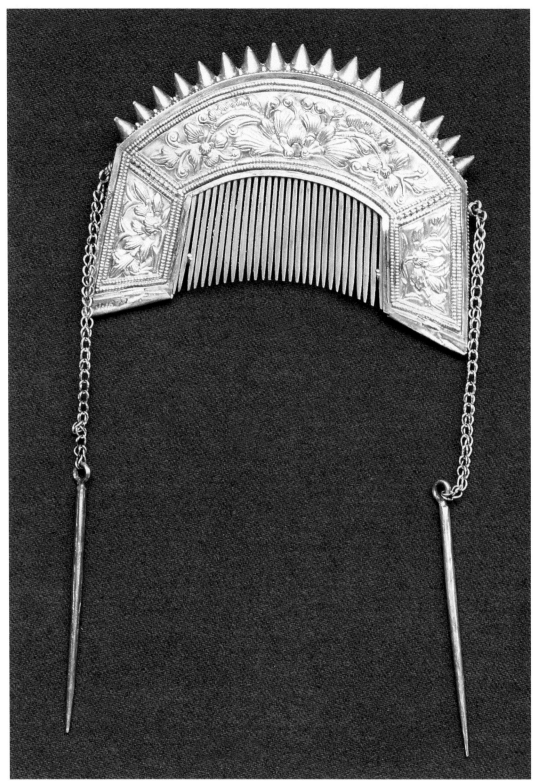

(앞면)

묘족(苗族) 추각식(錐角式) 은소(銀梳)
너비 15cm 무게 100g

반달 모양의 나무 빗으로, 빗살 부분을 제외하고는 모두 은피(銀皮)가 입혀져 있다.
빗 등의 윗부분에는 17개의 원추형(圓錐形) 은각(銀角)이 장식되어 있고, 나무 빗의
양쪽에는 대련은잠(帶鏈銀簪)이 달려 있다. 이 빗은 뇌산(雷山) 서강(西江) 묘족 처
녀들이 명절의 중요한 행사에 참석할 때 착용하던 머리 장식이다.

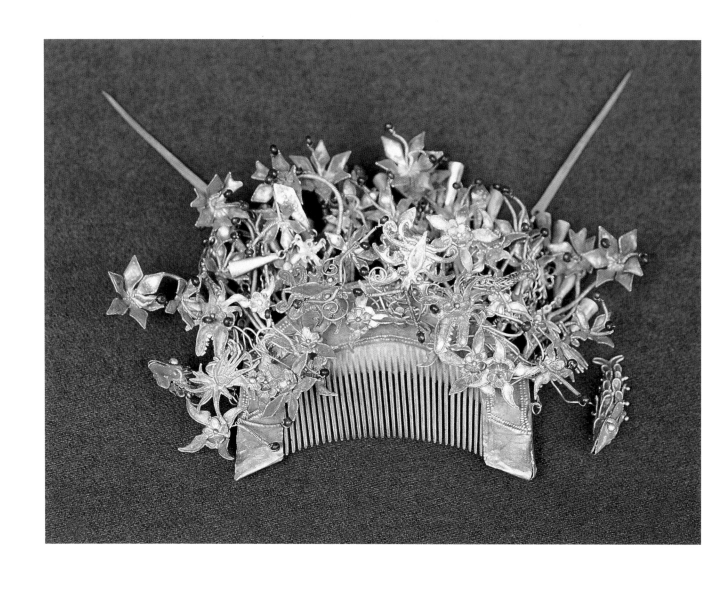

묘족(苗族) 어룡충조(魚龍蟲鳥) 전화포은목소(顫花包銀木梳)
길이 10cm 무게 170.9g

빗살 부분을 제외한 빗 등 부분에는 모두 은피(銀皮)가 입혀져 있고, 빗 등 위에는 나비, 비조(飛鳥),
용, 물고기, 화초 등이 장식되어 있다. 그뿐만 아니라 빗 등에는 남색과 녹색 구슬이 장식되어 있
고, 9개의 대련소령(帶鏈小鈴)이 달려 있다. 그리고 나무 빗 양쪽에는 한 쌍의 대련삽잠(帶鏈揷簪)
이 있다. 이 나무 빗은 대강(臺江) 시동(施洞) 묘족 여성들이 성장할 때 머리에 장식하던 것이다.

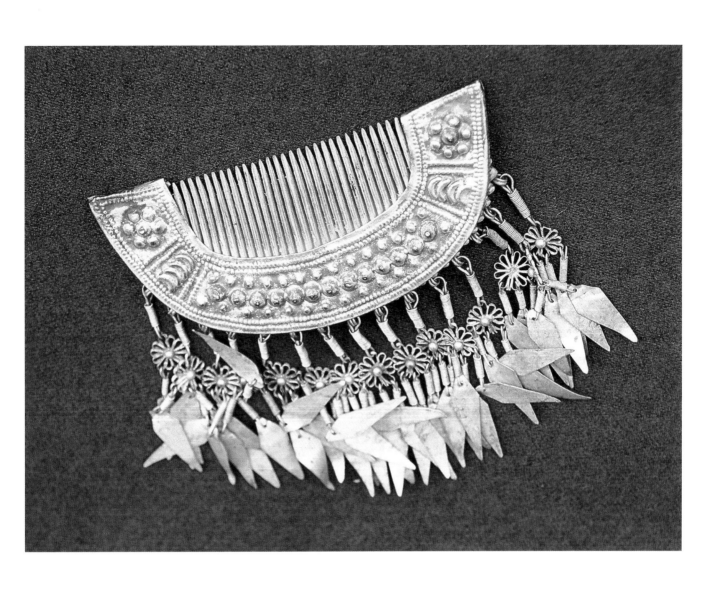

반원형의 나무 빗으로 빗살 부분을 제외한 빗 등 부분에는 은이 입혀져 있다. 은피(銀皮) 위에는
유정매화문(乳釘梅花紋)이 새겨져 있고, 빗 등에는 매화 잎이 늘어져 있어 움직일 때마다 소리가
들린다. 이것은 개리(凱里) 단계(丹溪) 묘족 여성들이 쪽에 꽂아서 장식하던 은소(銀梳)이다.

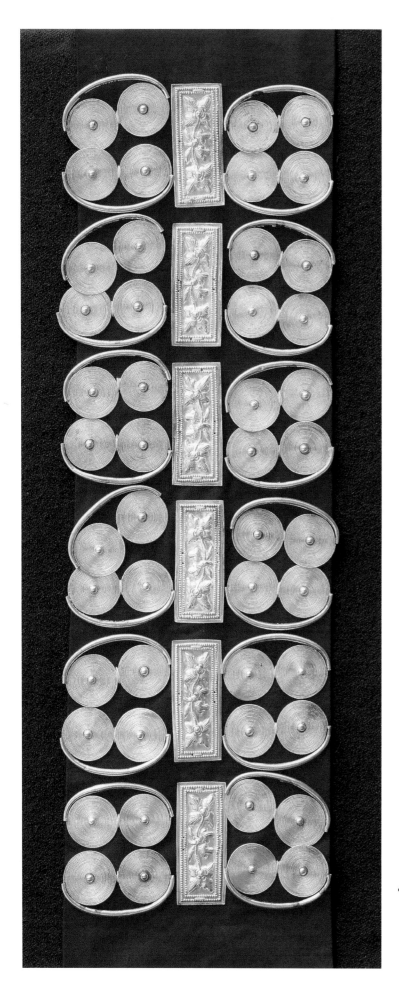

묘족(苗族) 쌍원형(雙圓形) 은옥구(銀玉鉤)
무게 350g

순은으로 제작된 상하 6쌍의 쌍원형으로 된 옥구(玉鉤)이다. 중앙에는 화초가 새겨진 6조각의 직사각형 은옥구가 있다. 긴 붉은 천에 붙이는 이 장신구는 뇌산(雷山) 지역 묘족 여성들이 성장할 때 이마에 하던 장식이다.

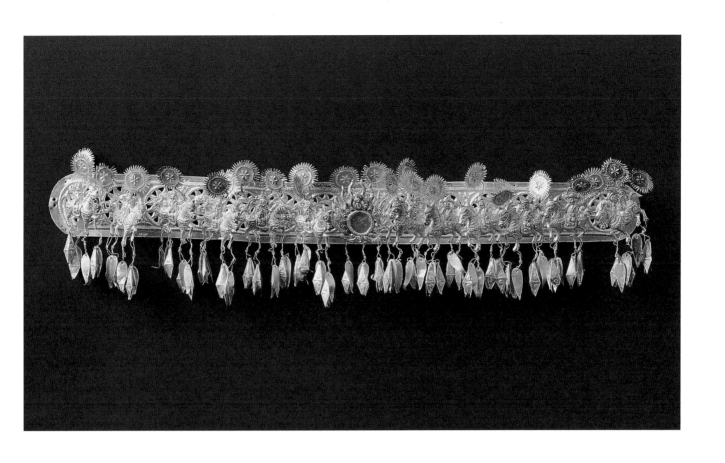

묘족(苗族) 은마위파(銀馬圍帕)
길이 46cm 너비 7cm 무게 175g

긴 막대 형태의 은편(銀片)에 수레바퀴 문양을 투각하였고, 전체 장식은 3단으로 구분되었다. 상단에 29개의 원형 망문(芒紋) 은화(銀花)가 있고, 가운데에는 원형 화륜(火輪) 거울이 끼워 넣어져 있다. 경편(鏡片) 양쪽에는 7명의 기마(騎馬) 무사가 장식되어 있고, 하단에는 능각(菱角, 마름 열매)이 술 장식으로 드리워져 있다. 장식된 병사들은 투구와 갑옷을 입은 채 정렬해서 당당한 위용을 드러내고 있다. 이것은 시동(施洞) 묘족 여성들이 이마에 둘러서 장식하는 위파(圍帕)이다.

묘족(苗族) 용아쌍화속(龍蛾雙花束) 은발잠(銀髮簪)
길이 23cm 무게 29g

편조형(扁條形) 삽침(揷針)으로 상단에 있는 원판에는 2가닥의 변형된 꽃묶음이 달려 있고, 중앙
에는 용, 나비, 나방 장식이 은사(銀絲)에 달려 있다. 이 발잠은 삼수(三穗) 채두(寨頭) 일대에 사
는 묘족 여성들의 머리 장식이다.

묘족(苗族) 누공화람형(鏤空花籃形) 위요패(圍腰牌)
길이 16.5cm 무게 28.4g

상하 두 부분으로 나누어 투각되었으며 위쪽은 나비 형태이고, 아래쪽은 꽃바구니[花籃] 형태이
다. 이 두 장식은 땋은 머리 형태의 은련(銀鏈)으로 연결되어 있다. 이것은 대강(臺江) 시동(施洞)
묘족 여성들이 허리 위쪽에 두르는 장신구이다.

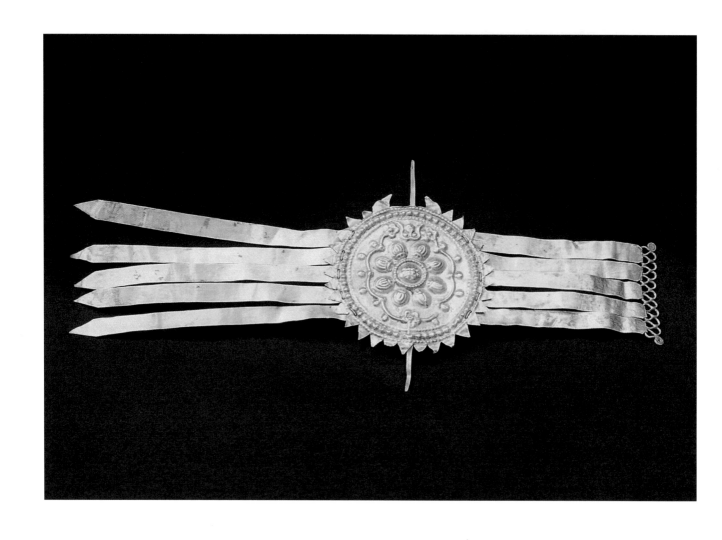

묘족(苗族) 망문(芒紋) 은표두배(銀飄頭排)
높이 9.5cm 너비 40cm 무게 132g

중앙의 원판에는 태양 문양이 새겨져 있고, 이 원판을 중심으로 가로로 5개의 은편(銀片)이 달려
있다. 은편의 왼쪽 끝은 용의 이빨처럼 생겼고, 오른쪽 끝은 깃털처럼 생겼다. 원판 중앙 부분의
위쪽과 아래쪽에는 각각 편조형(扁條形) 삽침(揷針)이 달려 있다. 묘족의 전설에 따르면, 표두배
(飄頭排)는 금계(錦鷄)의 이마 앞에 달린 아름다운 깃털의 형태를 본뜬 것이라고 한다. 이것은 검
하(劍河)와 대강(臺江) 일대에 사는 묘족 여성들의 이마를 장식하는 두식(頭飾)이다.

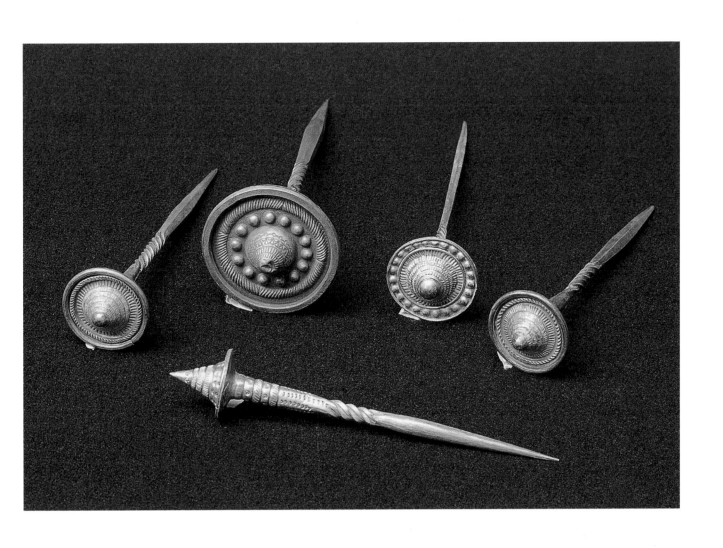

묘족(苗族) 두립형(斗笠形) 삽침(插針)
길이 8.5~18cm

두립(斗笠, 삿갓) 형태의 삽침(插針)으로, 삿갓의 끝에는 초편(草編) 문양과 유정(乳釘) 문양이
장식되어 있다. 이것의 형태는 간결하지만, 민족적 특색을 매우 잘 갖추고 있다. 이 삽침은 여평
(黎平), 개리(凱里), 대강(臺江) 일대에 사는 젊은 묘족 여성들의 머리에 하는 장신구이다.

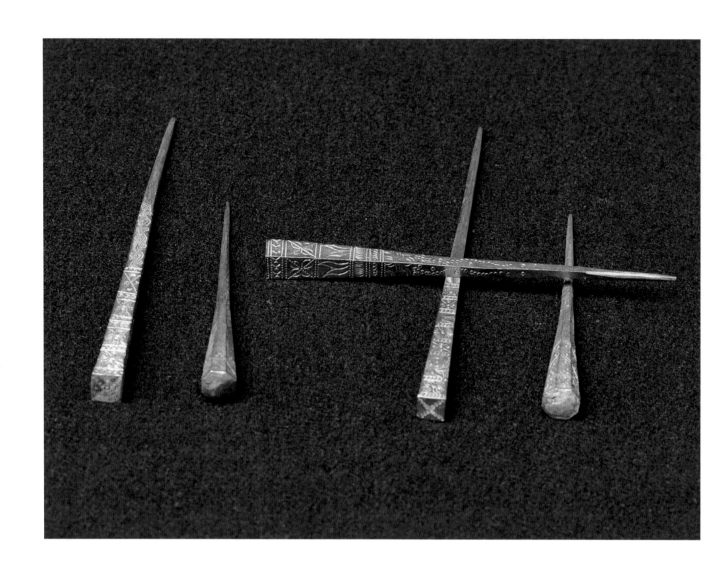

방주형(方柱形) 은잠(銀簪)
길이 9.4~13.8cm 무게 22.3~37.8g

방주형(方柱形)과 원주형(圓柱形)으로 구성되었고, 위쪽은 굵고 아래쪽은 가는 형태로 생겼다. 화
초(花草) 문양이 새겨진 이 장신구는 개리(凱里)와 여평(黎平) 일대의 묘족(苗族)·동족(侗族)
지역에서 유행하던 것이다.

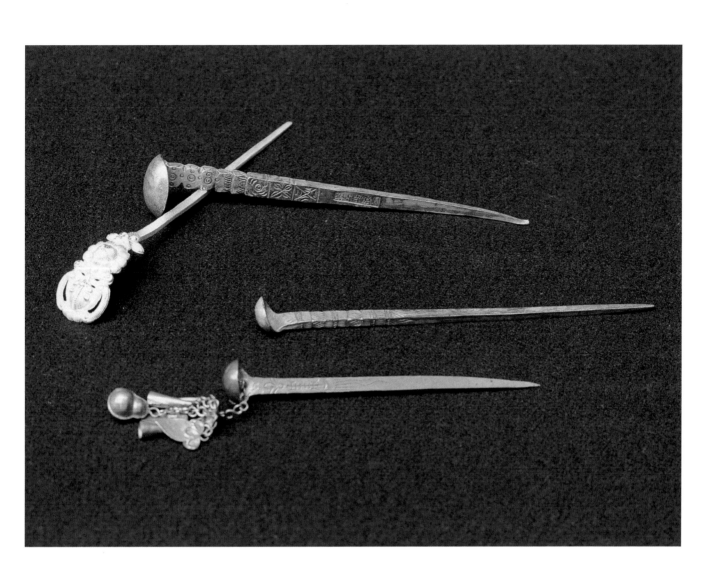

꽃 문양이 새겨진 방주형(方柱形) 삽침(插針)으로, 상단은 국자 형태로 생겼다. 이것은 개리(凱里)
와 대강(臺江) 일대에 사는 묘족 여성들의 머리 장식으로 사용되었다.

묘족(苗族) 호접(蝴蝶) 은삽두화(銀揷頭花)
길이 16cm 무게 24.2g

잠화(簪花)가 나비 형태로 되어 있고, 잠의 머리 부분에는 3가닥의 꽃줄기가 달려 있다. 채색된 견
사로 꽃묶음을 만들었고, 나비 아래에는 5개의 나뭇잎이 달려 있으며, 삽침(揷針)은 2가닥이 합쳐
진 형태로 되어 있다. 이것은 개리(凱里) 단계(丹溪) 묘족 여성들의 머리 장식이다.

용두(龍頭) 형태로 생긴 은잠(銀簪)으로, 편조형(扁條形) 삽침(揷針)이 달려 있다. 용은 상서로운
동물이기 때문에, 묘족 여성들은 생활용품, 복식(服飾), 은식(銀飾) 등에 용 문양을 즐겨 사용하
였다. 묘족 사람들은 용이 수확을 풍성하게 할 수 있다고 믿어서, 용을 수호신처럼 떠받들었다. 이
삽침은 대강(臺江) 시동(施洞) 일대에서 유행하였다.

은말액(銀抹額)
길이 32.5~38.5cm 무게 42.5g

타원 형태와 긴 막대 형태가 있다. 중앙에는 돌출된 둥근 구슬이 있는데, 이 둥근 구슬을 중심으로
하여 양쪽으로 문양이 대칭으로 장식되어 있다. 이러한 종류의 말액(抹額)은 개리(凱里) 단계(丹
溪)와 황평(黃平) 일대의 묘족 여성들이 앞이마에 주로 착용하는 장식이다.

묘족(苗族) 은작발잠(銀雀髮簪)
길이 4.5cm 너비 7.5cm 무게 8g

가지 위에 선 봉황이 날개를 펼치고 날아가는 형상
이 장식되어 있고, 그 뒤에는 삽침(揷針)이 달려 있
다. 봉황의 깃털이 매우 정교하게 조각되어 있어 생
동감이 느껴진다. 묘족의 다양한 은잠 양식 중에서
도 이것은 매우 특이한 것으로, 개리(凱里) 일대에서
유행하였다.

고낭(姑娘) 은말액(銀抹額)
직경 16cm

긴 막대 형태의 은편(銀片)을 반원형으로 구부린 것
으로 양 끝을 엮은 띠로 연결하였고, 띠에는 붉은색
술을 달아 장식하였다. 이 긴 발잠(髮簪) 형태의 장
식은 황평(黃平) 일대에 사는 묘족 여성들의 머리
장식으로, 미혼을 표시하는 용도로 사용되었다.

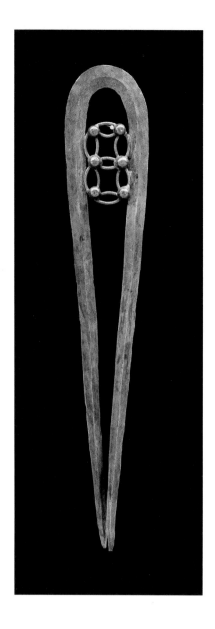
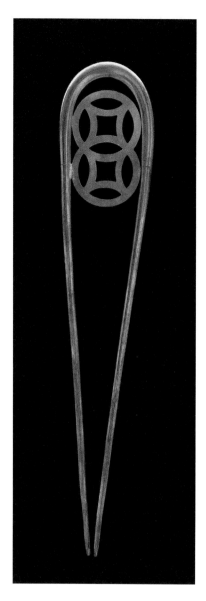

묘족(苗族) 전문(錢紋) 은발잠(銀髮簪)
길이 24cm　너비 3.5cm　무게 39g

2가닥으로 된 타원형의 삽잠(揷簪)으로 전문(錢紋)이 투각되어 있다. 이것은 개리(凱里) 묘족 여성들이 머리에 꽂아서 장식하는 머리 장식이다.

묘족(苗族) 작미화(雀尾花) 은발잠(銀髮簪)
길이 12cm　너비 3.3cm　무게 17g

긴 막대 형태의 은편(銀片) 위에 참새 문양이 새겨져 있고, 테두리에는 두 줄로 연주(連珠) 문양이 장식되어 있다. 뒤쪽에는 삽침(揷針)이 한 가닥 달려 있다. 이것은 개리(凱里) 묘족 여성들의 머리 장식이다.

묘족(苗族) 은잠(銀簪)
길이 10∼13.8cm 무게 9.9∼13g

이 발잠(髮簪)은 대강(臺江) 시동(施洞)에서 유행하던 것이다.

묘족(苗族) 수자문(壽字紋) 은잠(銀簪)
길이 4cm 너비 3.5cm 무게 4g

묘족(苗族) "방향유(榜香由)" 은이환(銀耳環)
고리직경 6.5cm 무게 79.2g

은조(銀條)로 만들어진 것으로, 은사(銀絲)를 잠자리 형태로 감아서 만든 귀걸이다. '방향유'는 어느 묘족 여성을 이르는데, 여기서 '방향(榜香)'은 이름이고 '유(由)'는 묘족 말로 잠자리라는 뜻이다. 예전에 검하(劍河) 일대에 독 모기가 출현해서 많은 사람이 이 모기한테 물려 병을 앓았다고 한다. 이때 '방향'이라고 하는 18세의 어린 소녀가 잠자리로 변해서 모기들을 모두 먹어 치워 버렸다. 이로 인해 사람들은 더 큰 재앙을 피할 수 있었다고 한다. 묘족 사람들은 이 용감한 소녀를 기리기 위해 잠자리 형태의 귀걸이를 만들어 달고 다녔다고 한다. 이것은 검하 일대 묘족 여성들이 주로 착용하던 귀걸이이다.

묘족(苗族) 차축식(車軸式) 은이환(銀耳環)
길이 2.7cm 무게 50g

차축(車軸) 형태로 생긴 귀걸이다. 가운데는 비어 있고, 은사(銀絲)로 안팎을 고리 형태로 휘감아 만들었다. 크기가 비교적 작아 귀뿌리 안쪽 끝에 달아서 장식하였다. 이것은 대강(臺江) 시동(施洞) 일대에서 유행하였다.

묘족(苗族) 삼라조엽(三螺吊葉) 은이환(銀耳環)
길이 15cm 무게 138.4g

은조(銀條)를 둥근 고리 형태로 구부린 후, 끝 부분은 나선형으로 말아서 만든 것이다. 마름모 형태의 은 조각에 3개의 나선형 원판을 용접해서 붙였고, 각 원판의 중심에는 꽃잎을 투각하여 장식했다. 그리고 그 아래에는 나뭇잎 형태의 장식을 체인에 달아 늘어뜨렸다. 이것은 뇌산(雷山) 독남(獨南) 묘족 여성들이 성장할 때 귀에 거는 장식이다.

묘족(苗族) 원륜형(圓輪形) 은이환(銀耳環)
직경 2cm 무게 13.8g

원형의 보빈(bobbin, 방직용구의 하나) 형태로 생겼다. 가운데는 비어 있고, 양쪽 면에는 은 구슬이 장식되어 있으며, 가장자리에는 밧줄 문양이 은사(銀絲)로 둘러 있다. 묘족 여성들은 어려서부터 점점 굵은 막대기를 귀에 끼워서 귀의 구멍을 크게 만들었다. 이렇게 귀의 구멍을 크게 만들면 어른이 돼서는 안정적으로 귀걸이를 할 수 있게 된다. 이것은 개리(凱里) 만수(灣水) 일대 묘족 여성들의 귀걸이 장식이다.

묘족(苗族) 호접조수(蝴蝶吊穗) 은이환(銀耳環)
길이 12cm 무게 17g

굽은 고리 아래에 나비가 새겨진 펜던트가 달려 있고, 그 아래에는 4줄로 된 나뭇잎 술 장식이 드리워져 있다. 이것은 검하(劍河) 일대 묘족 여성들이 즐겨 하던 귀걸이 장식이다.

묘족(苗族) 화람형(花籃形) 은요조(銀腰吊)
길이 38cm 무게 25.1g

한 가닥의 은련(銀鏈) 위에 원형 고리가 있고, 은련 아래에는 나비, 전문(錢紋), 꽃바구니[花籃]
장식이 달려 있다. 하단에는 병기(兵器)와 귀이개가 드리워져 있다. 이것은 검하(劍河), 대강(臺江)
일대에 사는 묘족 청년들이 허리에 걸어서 장식하는 것이다.

묘족(苗族) 백엽(百葉) 은항권(銀項圈)
고리직경 35.8cm 무게 475g

3개가 한 세트이고, 3단으로 구분되어 있다. 겉면은 삼각형 형태로 장식되어 있고, 안쪽 고리는 풀매
듭[活扣]이다. 이 목걸이는 검하(劍河) 유가(柳家) 일대에 사는 묘족 여성들이 명절에 성장할 때 가
슴에 하는 장식이다.

묘족(苗族) 용봉창보(龍鳳搶寶) 향령(響鈴)
직경 31cm 무게 438g

고리의 면에는 용과 봉황이 구슬을 두고 싸우는 모습과 4마리의 물고기 문양이 새겨져 있다. 고리
아래에는 고양이, 사슴, 물고기, 용 문양의 향령(響鈴)이 술 장식으로 드리워져 있다. 목걸이 중앙에
달려 있는 둥근 갑에는 용 문양이 새겨져 있고, 그 아래에는 병기(兵器)가 달려 있다. 이것은 황평(黃
平) 묘족 여성들의 가슴 장식으로 사용되었다.

묘족(苗族) 용봉길상(龍鳳吉祥) 은압령(銀壓領)
길이 18cm

이중으로 된 반원형 은패(銀牌)로, 아래 부분은 평평하고 매끄럽다. 중앙에는 4개의 꽃잎이 투각되어 있고, 은사(銀絲)로 용봉(龍鳳)과 기린(麒麟)을 달아 놓았다. 그 아래에는 나비, 나뭇잎, 조롱박, 향령(響鈴)이 술 장식으로 달려 있다. 이 은패는 검하(劍河)에 사는 묘족 아가씨들이 성장할 때 가슴에 다는 장식이다.

묘족(苗族) 쌍사희구문(雙獅戱球紋) 은압령(銀壓領)
길이 25cm 무게 240g

이중으로 된 콩팥 형태의 은패(銀牌)로, 앞면에는 두 마리의 사자가 공을 가지고 노는 형상이 부조 (浮雕)되어 있다. 은패의 아래에는 전문(錢紋), 나팔, 고전(古錢, 옛날 돈), 향령(響鈴)이 술 장식으로 달려 있다. 이것은 대강(臺江) 시동(施洞) 묘족 여성들이 명절에 성장할 때 가슴 앞에 다는 장신구이다.

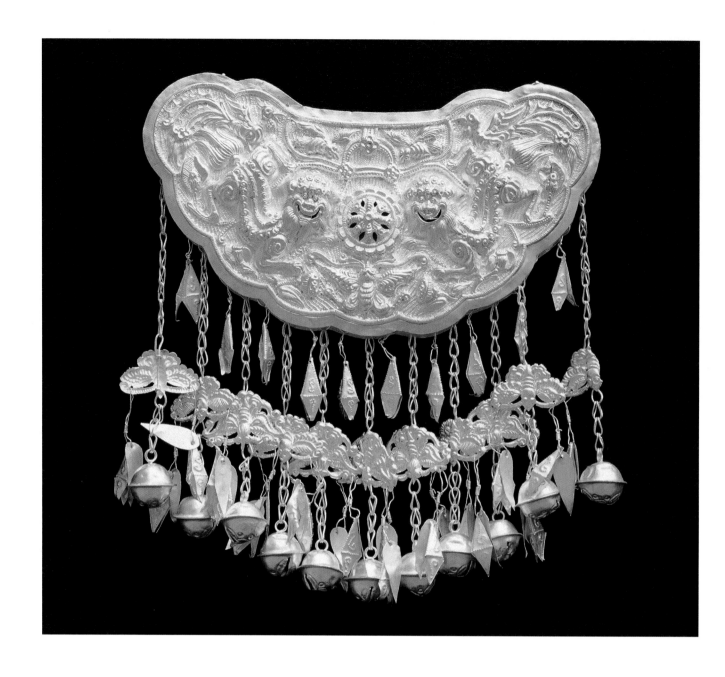

묘족(苗族) 쌍사희구문(雙獅戲球紋) 은압령(銀壓領)
길이 18cm 무게 200g

이중으로 된 콩팥 형태의 은패(銀牌)로, 아래 부분은 평평하고 매끄럽다. 중앙에는 두 마리의 사자가
공을 가지고 노는 모습이 부조(浮雕)되어 있고, 은패 아래에는 마름모 형태와 나비 향령(響鈴)이 술
장식으로 드리워져 있다. 이것은 대강(臺江) 시동(施洞) 묘족 여성들이 성장할 때 가슴에 다는 장식
이다.

묘족(苗族) 쌍사희구문(雙獅戲球紋) 은압령(銀壓領)
길이 22.5cm 무게 1100g

이중으로 된 콩팥 형태의 은패(銀牌)로, 앞면에는 두 마리의 사자가 공을 가지고 노는 형상이 부조(浮雕)되어 있다. 은패 아래에는 나비, 나팔, 고전(古錢), 향령(響鈴) 문양의 술 장식이 '8'자 형태의 체인으로 연결되어 있다. 이것은 뇌산(雷山) 서강(西江) 묘족 여성들이 성장할 때 가슴에 다는 장식이다.

묘족(苗族) 교사(絞絲) 은항권(銀項圈)
직경 28cm 무게 1225g

이 목걸이는 여러 개의 'S'자 형태의 은조(銀條)를 엮어 놓은 것으로, 양쪽 끝 부분에 있는 원기둥에
가는 은사(銀絲)를 휘감아 놓아서 매우 화려해 보인다. 묘족 여성들이 명절에 성장할 때 이것을 적게
는 하나에서 많게는 3개까지 착용하였다. 이는 겹쳐 하는 것을 아름다움의 기준으로 삼는 관습 때문
이고, 동시에 자신의 부를 과시하는 것이기도 했다. 이 목걸이는 대강(臺江) 시동(施洞)과 뇌산(雷山)
서강(西江) 일대에서 유행하였다.

묘족(苗族) 계지(戒指) 은항권(銀項圈)
직경 20cm 무게 152g

풀매듭[活扣]으로 되어 있고, 꽃 문양이 새겨진 은편(銀片)으로 안쪽 고리를 만들었다. 14개의 철화
(凸花) 반지를 일정한 간격으로 고리에 꿰어서 장식하였다. 고리에 꿰어진 반지의 가운데 부분에는
나비와 과미(瓜米)가 술 장식으로 달려 있다. 이 목걸이는 황평(黃平) 지역에서 유행하던 것으로, 묘
족 여성들이 가슴 앞에 착용하던 장신구이다.

묘족(苗族) 향령(響鈴) 은항련(銀項鏈)

묘족(苗族) 향령(響鈴) 은항련(銀項鏈)
길이 62cm 무게 352g

이중으로 된 은련(銀鏈)에 박쥐, 호랑이, 두꺼비, 봉황, 닭, 거위,
물고기, 말, 사람 등의 형상과 여러 개의 향령이 달려 있고, 그 아
래 부분의 중앙에는 원형 갑이 달려 있다. 원형 갑의 한쪽 면에는
소머리 문양이 부조(浮雕)되어 있고, 다른 한쪽 면에는 해바라기
문양이 장식되어 있다. 원형 갑 아래에는 칼, 검(劍), 귀이개 등이
술 장식으로 달려 있다. 이것은 시병(施秉) 일대의 묘족 여성들이
결혼식이나 명절에 성장할 때 가슴 앞에 착용하던 장신구이다.

묘족(苗族) 화람형(花籃形) 은조식(銀吊飾)
길이 5.5cm　너비 4.7cm　무게 8.7g

위쪽에는 꽃바구니[花籃], 꽃, 잎이 투각되어 있고, 아래쪽에는 금과(金瓜)가 있다. 가장 아래 부분에는 작은 조식(吊飾)이 달려 있었지만, 지금은 모두 떨어져 나가고 없다. 이 장신구는 대강(臺江) 묘족 여성들의 가슴 장식으로 사용되었다.

묘족(苗族) 어형(魚形) 은흉식(銀胸飾)
길이 2.4cm　너비 1.8cm　무게 3.4g

은(銀)으로 주조된 아치 형태의 작은 물고기 형상으로, 형태가 매우 작고 정교하다. 물고기의 굽은 배 아래에는 수초화(水草花)가 장식되어 있고, 물고기의 등 위에는 고리가 달려 있다. 원래는 작은 장신구가 달려 있었지만, 지금은 모두 떨어져 나가고 없다. 이것은 대강(臺江) 시동(施洞) 묘족 여성들의 가슴 장식으로 사용되었다.

묘족(苗族) 화람형(花籃形) 은조식(銀吊飾)
길이 5.3cm　너비 4.8cm　무게 15g

위쪽에는 꽃바구니[花籃]와 그 안의 꽃다발이 투각되어 있고, 아래쪽에는 금과(金瓜)가 받침대처럼 받쳐져 있다. 하단에는 고리가 달려 있는데, 이 고리에 달려 있던 작은 장식들은 현재 모두 떨어져 나가고 없다. 이 은식(銀飾)은 대강(臺江) 시동(施洞) 묘족 여성들의 가슴 장식으로 사용되었다.

묘족(苗族) 사형(獅形) 은조식(銀吊飾)
길이 1.5cm　너비 1.5cm　무게 2g

은(銀)으로 만들어진 작은 사자 형태로, 작지만 매우 정교하다. 이 작은 사자 문양은 은의편(銀衣片)에 다는 장식으로, 주로 작은 나비, 작은 물고기, 소형 병기(兵器)와 함께 장식하였다. 이 은조식은 대강(臺江) 시동(施洞) 묘족 여성들의 은의편에 다는 장식이다.

묘족(苗族) 화람형(花籃形) 은조식(銀弔飾)
길이 7.8cm 너비 3.9cm 무게 11.2g

위쪽에는 꽃바구니[花籃]가 있고, 그 바구니 안에는 보상화(寶相花)가 새겨져 있다. 바구니 아래에는 금과(金瓜)가 있고, 금과 아래에는 나비 형태의 은편(銀片)이 달려 있다. 그 아래에는 8개의 은(銀)으로 된 막대기가 드리워져 있다. 이것은 대강(臺江) 시동(施洞) 묘족 여성들이 가슴에 다는 장신구이다.

묘족(苗族) 사어형(獅魚形) 은조식(銀弔飾)
길이 8cm 너비 2.8cm 무게 10.6g

2개가 한 쌍으로 위쪽에는 사자 문양이 있고, 사자의 발 부분에는 은련(銀鏈)에 연결된 물고기 형상이 달려 있다. 이것은 대강(臺江) 반배(反排) 묘족 여성들이 가슴에 다는 장신구이다.

묘족(苗族) 은배대(銀背帶)
길이 47.4cm 무게 165.7g

이 배대(背帶)는 천을 밑바탕으로 하여 만든 것으로, 위쪽의 뾰족한 부분에는 태양 문양이 있는 육각형의 은패(銀牌)가 있다. 그 아래 부분에는 용 문양 원형 판이 두 줄로 늘어서 있고, 그 원형 판 사이에는 음악을 연주하는 나한(羅漢)이 장식되어 있다. 가장 아래쪽에는 나비 대련(帶鏈)과 은향령(銀響鈴)이 드리워져 있다. 이것은 개리(凱里) 단계(丹溪) 묘족 여성들이 명절에 성장할 때 의배(衣背) 위에 다는 장신구이다.

묘족(苗族) 수성팔선추(壽星八仙墜) 은령배대(銀鈴背帶)
길이 50cm 무게 156.8g

이 배대(背帶)는 천을 밑바탕으로 하여 만든 것으로, 천에는 은(銀)
으로 제작된 원형 태양 문양과 팔선(八仙) 형상이 가득 장식되어 있
다. 아래 부분에는 나비 대련(帶鏈)과 은향령(銀響鈴)이 드리워져 있
다. 이것은 개리(凱里) 단계(丹溪) 묘족 여성들이 노생무(蘆笙舞)를
출 때 등에 다는 장신구로 사용되었다.

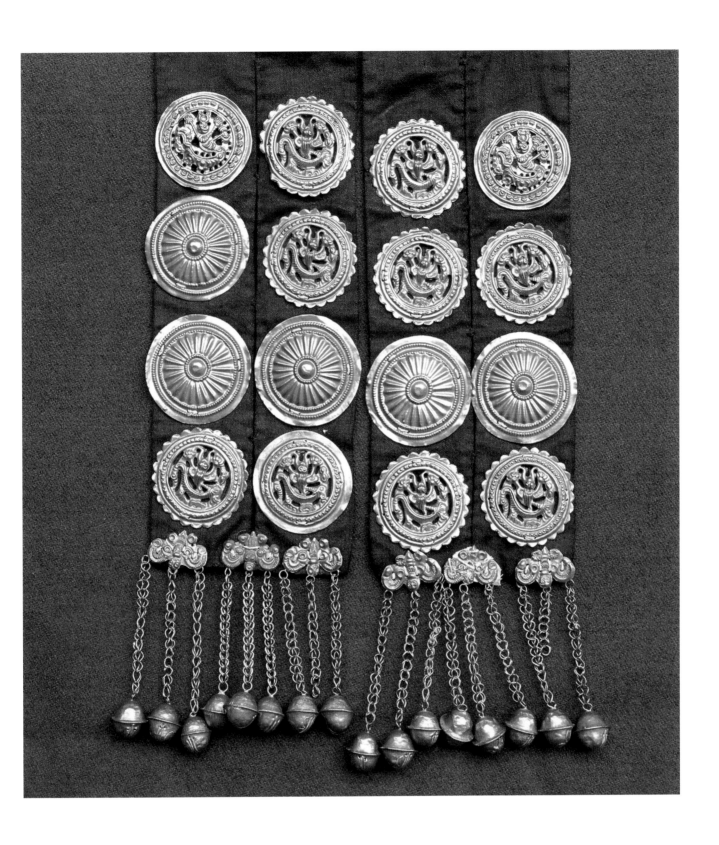

묘족(苗族) 반룡추(盤龍墜) 은령배대(銀鈴背帶)
길이 38cm 무게 152.9g

천을 바탕으로 하여 만든 것으로, 천에는 반룡 또는 태양 문양이 새겨진 원형 은편(銀片)이 가득 장
식되어 있다. 아래 부분에는 나방 형태의 대련(帶鏈)과 은향령(銀響鈴)이 드리워져 있다. 이것은 개
리(凱里) 단계(丹溪) 묘족 여성들이 노생무(蘆笙舞)를 출 때 등에 다는 장신구로 사용되었다.

(부분)

묘족(苗族) 침통(針筒) 은요조추(銀腰吊墜)
길이 58cm 무게 174g

2가닥으로 된 고리 형태의 체인으로, 아래쪽에는 접패(蝶牌)와 직사
각형의 침통(針筒)갑이 달려 있다. 이 갑 아래에는 칼, 검(劍), 귀이
개, 삽침(插針)이 드리워져 있다. 이것은 대강(臺江) 묘족 청년들이
사용하던 것으로, 오른쪽 가슴의 옆구리 부분에 다는 장신구이다.

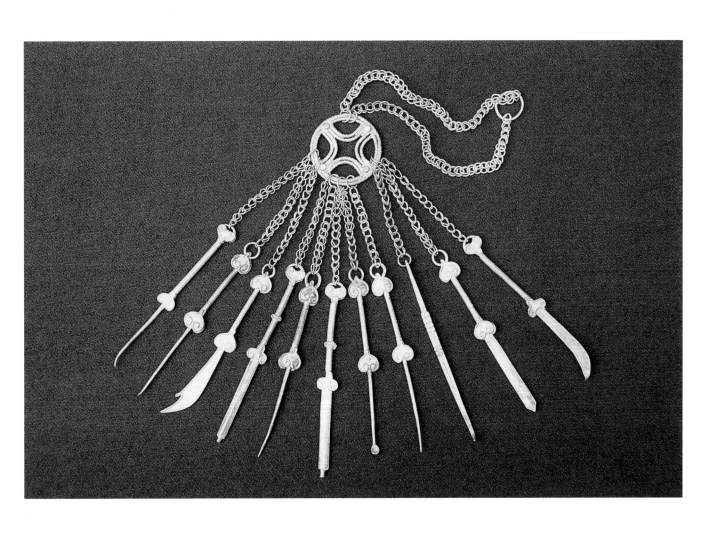

묘족(苗族) 은아첨(銀牙簽) 조식(吊飾)
길이 34cm 무게 224.6g

두 개가 한 세트로 전문(錢紋)이 새겨진 원패(圓牌)에 2가닥의 은련(銀鏈)이 연결되어 있다. 원패의
아래쪽에는 칼, 검(劍), 이쑤시개, 귀이개가 술 장식으로 달려 있다. 이것은 개리(凱里) 단계(丹溪) 묘
족 여성들이 성장할 때 허리 양쪽에 걸어 장식하던 것이다.

· 115 ·

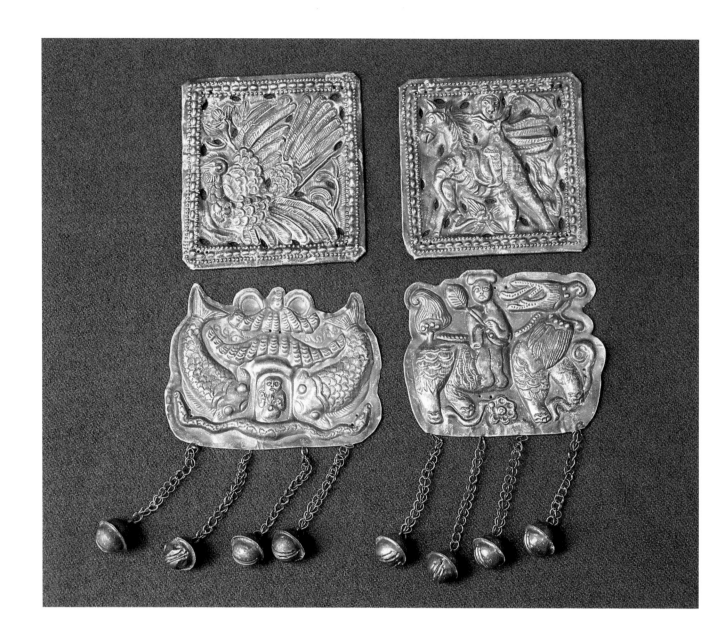

묘족(苗族) 비봉문(飛鳳紋) 은의편(銀衣片)(좌측 상)
길이 9.6cm 너비 9.4cm 무게 14g

정방형(正方形) 은편에 영지(靈芝)와 비봉문이 새겨져 있는데, 비봉문에 있는 봉황은 고개를 돌려 가지를 물고 있는 형상을 하고 있다. 테두리에는 3줄의 연주(連珠) 문양을 둘렀다. 이 의편은 대강(臺江) 묘족 여성들의 의배(衣背)에 장식하던 것이다.

묘족(苗族) 인기마문(人騎馬紋) 은의편(銀衣片)(우측 상)
길이 9.2cm 너비 9cm 무게 12g

정방형(正方形) 은편에 아이가 말을 타고 달리는 형상이 새겨져 있다. 테두리에는 3줄의 연주(連珠) 문양을 둘렀다. 이 의편(衣片)은 대강(臺江) 묘족 여성들의 의배(衣背)에 장식하던 것이다.

묘족(苗族) "쌍어구자"문(雙魚求子紋) 은의편(銀衣片)(좌측 하)
길이 10.7cm 무게 19g

장방형(長方形) 은의편에 '쌍어구자도'가 주조되어 있고, 그 아래에는 향령(響鈴)이 달려 있다. 은의편의 중앙에는 토지묘(土地廟)가 있고, 묘의 문에는 묘신(廟神)이 세워져 있다. 묘의 양쪽으로는 각각 물고기가 한 마리씩 장식되어 있다. 이것은 아들이 없는 집안에서 아들을 얻고자 토지묘의 신에게 기원을 하는 의미가 담겨 있다. 이 의편은 대강(臺江) 묘족 여성들이 의배(衣背)에 장식하던 것이다.

묘족(苗族) "기린송자"문(麒麟送子紋) 은의편(銀衣片)(우측 하)
길이 11cm 무게 18g

방형(方形) 은의편에 '기린송자도'가 주조되어 있고, 그 아래에는 향령(響鈴)이 달려 있다. 이 장신구에 기린 형상이 보이는 것은 묘족이 한문화(漢文化)의 풍속을 그대로 답습했기 때문이다. 묘족도 기린을 상서로운 동물로 여겼으며, 이 은의편은 가까운 친지가 득남한 것을 축하하는 의미가 담겨 있다. 이 의편은 대강(臺江) 묘족 여성들의 의배(衣背)에 장식하던 것이다.

묘족(苗族) 편복문(蝙蝠紋) 은의편(銀衣片)
길이 9.5cm

여의문(如意紋)이 투각되어 있고, 삼각형의 박쥐 문양이 새겨져
있다. 아래쪽 가장자리에는 나팔 장식이 달려 있다. 이것은 뇌산
(雷山) 서강(西江) 묘족 여성들이 의파각(衣擺角)의 앞뒤에 장
식하던 것이다.

묘족(苗族) 편복형(蝙蝠形) 은의추(銀衣隆)
길이 5.2cm 전체무게 150g

24개가 한 세트로 박쥐 형태로 되어 있다. 펼쳐진 박쥐 날개에
각각 매화와 잎들이 달려 있다. 이것은 뇌산(雷山) 서강(西江)
묘족 여성들의 성장복(盛裝服) 소매에 다는 장신구이다.

묘족(苗族) 편복형(蝙蝠形) 은령당조(銀鈴鐺吊)
길이 9.7cm 무게 175g

11개가 한 세트로 박쥐 형태로 되어 있다. 박쥐 문양 아래에는 3
개의 방울이 달려 있다. 이것은 뇌산(雷山) 서강(西江) 묘족 여
성들의 허리띠 가장자리에 다는 장신구이다.

묘족(苗族) 호접(蝴蝶) 영당조(鈴鐺吊)
길이 10cm 무게 375g

16개가 한 세트이다. 위쪽에는 모자 형태의 은포(銀泡)가 있고,
그 아래에 나비 장식이 달려 있다. 나비 장식의 아래에는 마름모
형태의 향령(響鈴)과 나뭇잎 장식이 드리워져 있다. 이것은 대강
(臺江) 시동(施洞) 묘족 여성들이 옷의 아랫단 가장자리에 장식
하던 것이다. 이 장식은 아름다울 뿐만 아니라, 움직일 때마다 청
아한 방울 소리가 들리는 것이 특징이다.

묘족(苗族) 야록함지문(野鹿銜枝紋) 은의편(銀衣片)
너비 7.8cm 전체무게 328.5g

11개가 한 세트이다. 방형(方形) 은편에 산노루가 입에 가지를 물고 있는 형상과 치자꽃 문양이
부조(浮雕)되어 있다. 모든 은편 아래에는 10개의 나팔 장식이 달려 있다. 이것은 뇌산(雷山) 서강
(西江) 묘족 여성들이 옷의 아랫단에 주로 장식하던 것이다.

묘족(苗族) 누공동물화훼(鏤空動物花卉) 은의편(銀衣片)
전체무게 565g

44개가 한 세트로, 의편의 단면에는 용, 봉황, 사자, 기린, 화초 등의 문양이 매우 정교하게 새겨져
있다. 옷을 제작할 때 이 은편을 3줄로 나누어서 차례대로 옷의 앞가슴, 허리, 등 부분에 꿰매 붙였
다. 이것은 대강(臺江) 시동(施洞) 묘족 여성들이 명절에 성장할 때 옷에 달아 장식하던 것이다.

묘족(苗族) 은화잠(銀花簪)
길이 14cm 무게 18.4g

편조형(扁條形) 은잠(銀簪)에 꽃과 나비 문양 장식이 달려 있다. 정교하게 만들어진 이 장신구는 대강(臺江) 시동(施洞) 묘족 여성들의 머리 장식이다.

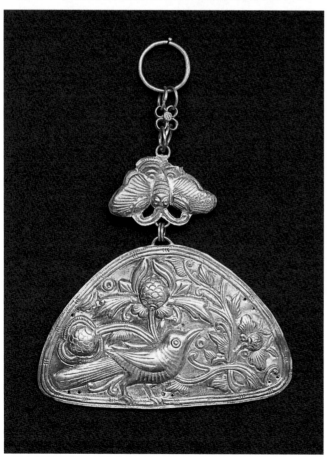

묘족(苗族) 비아화조(飛蛾花鳥) 위요은패(圍腰銀牌)
길이 12.5cm 무게 13.5g

반원형 은패에 까치와 모란 문양이 부조(浮雕)되어 있다. 꼭대기의 중앙에는 원형 고리가 있고, 그 아래에 나방 장식이 달려 있다. 이 은패는 뇌산(雷山) 서강(西江) 묘족 여성들이 허리 위쪽에 둘러서 장식하던 것이다.

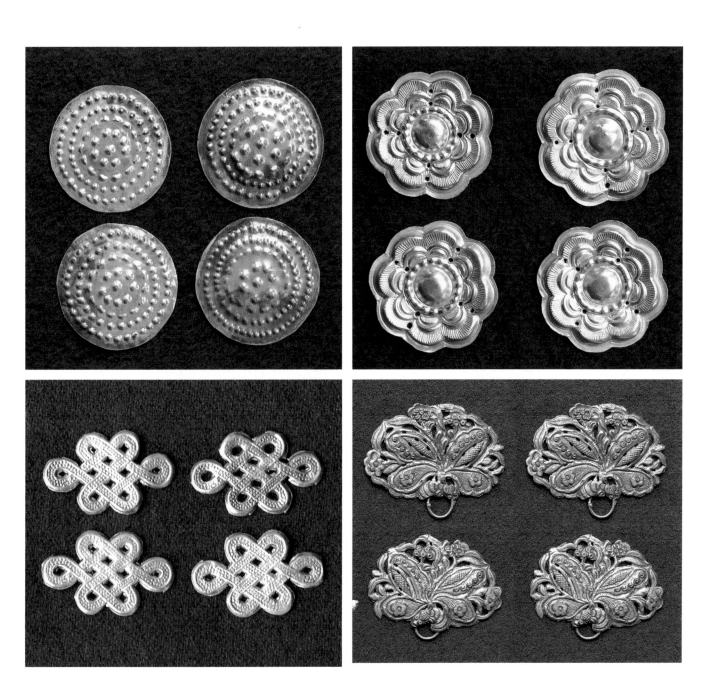

각종 은의편(銀衣片)

각종 은편(銀片)(상)
동모(童帽) 은식(銀飾)(좌측 하)
호접형(蝴蝶形) 위요은련식(圍腰銀鏈飾)(우측 하)

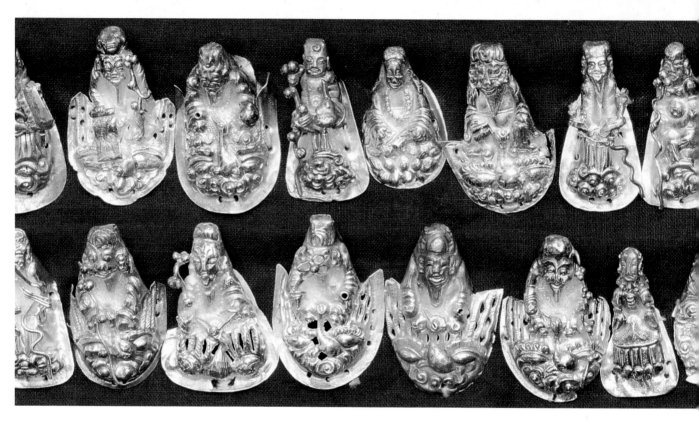

묘족(苗族) 은보살(銀菩薩) 요대(腰帶)
최대 4cm

한 세트가 100여 존 이상으로 구성되어 있다. 겉면에 보살상이 부조(浮雕)되어 있고, 뒷면은 비어 있다. 보살의 형상은 제각기 다르고, 매우 정교하게 새겨져 생동감이 느껴질 정도이다. 이것은 황평(黃平)의 젊은 남녀가 주로 허리에 달아 장식하던 것이다.

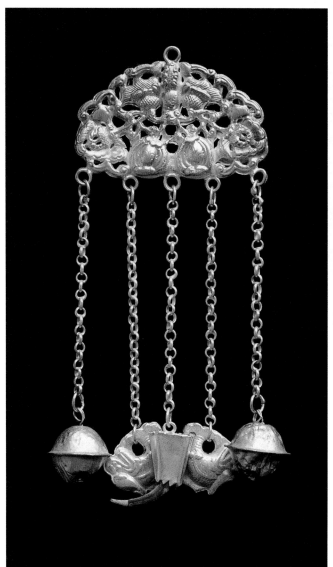

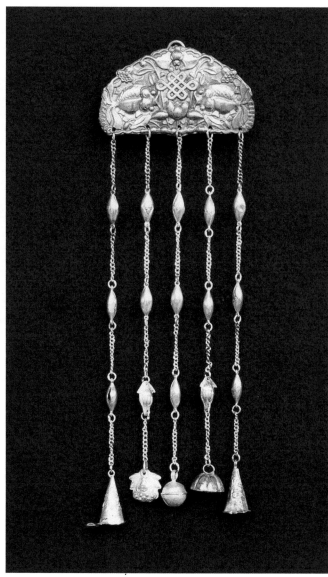

묘족(苗族) 복도(蝠桃) 위요은조패(圍腰銀吊牌)
길이 13cm 무게 26.7g

반원형 조패(吊牌)로 양쪽 면에 박쥐와 선도(鮮桃, 신선한 복숭아) 문양이 투각되어 있고, 그 아래에는 쌍어(雙魚), 매의 발톱, 향령(響鈴) 장식이 달려 있다. 박쥐와 선도는 복(福)과 장수를 상징하고, 매의 발톱은 악귀를 쫓는 액막이의 의미가 있다. 이것은 대강(臺江) 묘족 여성들이 허리 위쪽에 둘러서 장식하던 장신구이다.

묘족(苗族) 어복문(魚蝠紋) 은조패(銀吊牌)
길이 20cm 무게 252g

반원형 조패(吊牌)로 앞면에는 쌍어련화(雙魚蓮花)와 박쥐 문양이 있고, 연화의 중앙에는 반장문(盤長紋)이 장식되어 있다. 이 4가지의 문양은 불가(佛家)를 상징하는 '8보(八寶)'에 속하는 것이다. 아래 부분 5개의 고리에는 나팔, 연방(蓮房), 금과(金瓜), 향령(響鈴)이 달려 있다. 이것은 대강(臺江) 일대에 사는 묘족 여성들이 성장할 때 허리에 장식하던 장신구이다.

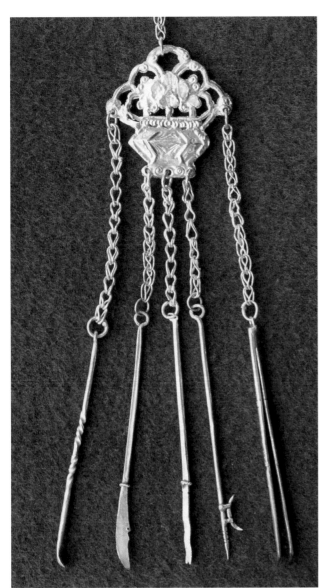

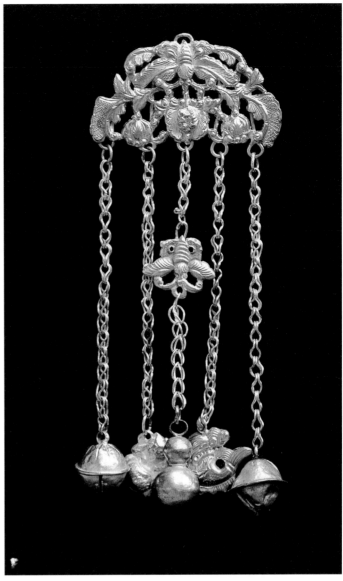

묘족(苗族) 화람형(花籃形) 조식(吊飾)
길이 3.8cm 무게 45.9g

꽃바구니[花籃] 형태의 조식으로, 그 아래에는 칼, 검(劍), 귀이개 등이 달려
있다. 이것은 검하(劍河)와 대강(臺江) 일대에 사는 묘족 남성들이 허리에 장
식하던 장신구이다.

묘족(苗族) 복도(蝠桃) 위요은조식(圍腰銀吊飾)
길이 14.3cm 무게 32.8g

반원형 조패(吊牌)로 한쪽 면에 박쥐 한 마리와 복숭아 3개가 투각되어 있으
며, 이것은 다복과 장수를 상징한다. 조패의 아래에는 물고기, 원숭이, 조롱
박, 향령(響鈴)이 달려 있다. 이것은 대강(臺江) 시동(施洞) 묘족 여성들이 허
리 위쪽에 둘러서 장식하던 것이다.

묘족(苗族) 호접(蝴蝶) 흉·배조패(胸·背吊牌)
길이 32.4cm 무게 53g

조패(吊牌)의 단면이 나비 형태로 되어 있다. 중앙에는 나비
형태의 꽃바구니가 달려 있고, 이외에도 물고기, 나팔, 향령
(響鈴)도 함께 드리워져 있다. 대강(臺江)과 검하(劍河) 일대
에 유행했던 이 조패는 묘족 남성들이 가슴 앞에 달아 장식하
던 장신구이다.

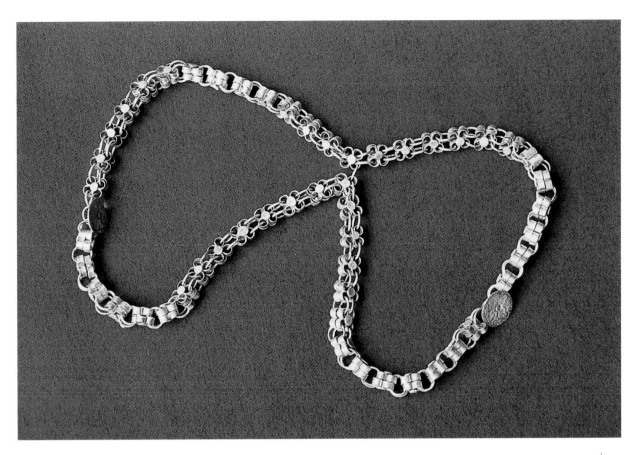

묘족(苗族) 매화(梅花) 은요련(銀腰鏈)
전체길이 40cm 무게 157g

이 요련(腰鏈)은 이중으로 된 매화 문양이 2개의 고리에 사슬처럼 연결된 형태로, 양쪽 끝에는 은화(銀貨)가 있다. 이것은 개리(凱里) 일대의 묘족 지역에서 유행하던 장신구이다.

묘족(苗族) 복수문(蝠壽紋) 은조패(銀吊牌)
너비 4.5cm 무게 5.4g

조패(吊牌) 양쪽 면을 모두 투각하였고, 중앙에는 '수(壽)'자 문양이 장식되어 있다. 상단 좌우로는 박쥐 문양이 있는데, 이는 '복수쌍전(福壽雙全)'을 상징하는 것이다. 이것은 대강(臺江) 묘족 여성들이 허리 위쪽에 둘러 장식하던 장신구이다.

묘족(苗族) 기린(麒麟) 은조패(銀吊牌)
전체길이 14cm 무게 65.7g

양쪽 면에 기린이 입을 벌리고 우는 형상이 새겨져 있다. 그 아래에 있는 4개의 고리에는 은구(銀球), 은인(銀印), 향령(響鈴)이 달려 있다. 이것은 대강(臺江) 시동(施洞)에서 수집된 것이다.

묘족(苗族) "기린송자(麒麟送子)" 은조패(銀吊牌)
길이 13cm 너비 8cm 무게 26.6g

이 조패(吊牌)의 한쪽 면에는 기린을 타고 있는 아이의 형상이 있는데, 이것을 '기린송자'라고 한다. 기린의 발에 있는 4개의 고리에는 나팔과 향령(響鈴)이 달려 있다. 이것은 대강(臺江) 시동(施洞) 지역에서 수집된 것이다.

묘족(苗族) 화조유정통상(花鳥乳釘筒狀) 은수탁(銀手鐲)
직경 5.8cm 무게 96.5g

원통형이며, 팔찌 끼우는 부분이 벌어진 형태이다. 팔찌의 몸통 부분에는 유정(乳釘) 문양이 있고,
그 사이에는 연주(連珠) 문양이 장식되어 있다. 그리고 팔찌의 양쪽 끝 부분에는 쌍조매화(雙鳥梅
花) 문양이 장식되어 있다. 문양에 있는 새의 눈 부분에 구멍이 뚫려 있는데, 이는 구멍에 실을 묶
어서 팔목에 달기 위해 만들어 둔 것이다. 이 팔찌는 뇌산(雷山) 독남(獨南) 묘족 여성들이 명절
에 성장할 때 팔목에 장식하던 장신구이다.

묘족(苗族) 공심(空心) 은수탁(銀手鐲)
직경 5.5cm 무게 64.3g

2개가 한 쌍인 팔찌로 안쪽은 평평하고 바깥쪽은 돌출된 형태이며, 팔찌의 속은 비어 있다. 팔찌의 면에는 연꽃, 조롱박, 통소[簫], 피리[笛] 등이 단락으로 구분되어 장식되어 있다. 팔찌를 여는 부분에는 나선형 걸쇠가 부착되어 있다. 이것은 뇌산(雷山), 대강(臺江), 검하(劍河) 일대에서 유행하던 장식이다.

묘족(苗族) 용문(龍紋) 은수탁(銀手鐲)
직경 8cm 무게 35.4g

2개가 한 쌍인 팔찌로 팔찌를 끼우는 부분이 벌어진 형태이다. 팔찌의 양쪽 끝 부분에는 용머리 형상이 있고, 팔찌의 면에는 유정(乳釘)과 연주(連珠) 문양이 새겨져 있다. 이것은 개리(凱里) 일대의 묘족 여성들이 팔목에 하던 장신구이다.

묘족(苗族) 각수자모란사문(刻壽字牡丹獅紋) 은수탁(銀手鐲)
직경 6.2cm 무게 58g

한 쌍으로 구성된 이 팔찌는 면이 평평하고, 팔찌를 끼우는 부분이 벌어진 형태로 되어 있다. 2개의
팔찌 중 한쪽에는 사자 문양과 절지화(折枝花)가 새겨져 있고, 다른 한쪽에는 보상화(寶相花), 모란
꽃, 수자(壽字) 문양이 있다. 이것은 대강(臺江) 시동(施洞) 일대에서 유행하던 장신구이다.

묘족(苗族) 누공국화유정문(鏤空菊花乳釘紋) 은수탁(銀手鐲)
직경 5.3cm 무게 35.7g

한 쌍으로 구성되어 있고, 팔찌를 끼우는 부분이 벌어져 있다. 팔찌의 가운데 부분에는 국화꽃이 장
식되어 있고, 국화꽃의 꽃술 부분에는 유정(乳釘) 문양이 새겨져 있다. 이것은 대강(臺江) 시동(施
洞) 일대에서 유행하던 장식이다.

묘족(苗族) 매화유정문(梅花乳釘紋) 은수탁(銀手鐲)
직경 7.5cm 무게 141g

한 짝으로 된 팔찌로 착용하는 부분이 벌어진 형태이다. 팔찌의 면에는 매화가 투각되어 있고, 그 매
화 장식 위에 11개의 유정(乳釘) 문양을 배열하여 장식하였다. 이것은 대강(臺江) 시동(施洞) 일대
에서 유행하던 장식이다.

묘족(苗族) 요사소미문(繞絲小米紋) 은수탁(銀手鐲)
직경 8.6cm 무게 300g

한 쌍으로 구성된 이 팔찌는 가는 은사(銀絲)를 휘감아 만든 것으로, 좁쌀처럼 보이는 효과가 있다.
팔찌가 연결되는 양 끝 부분은 육각기둥 형태의 은조(銀條)로 되어 있고, 두꺼운 은사에서 안쪽으로
갈수록 가는 은사로 휘감아 놓았다. 매우 기품 있어 보이는 이 팔찌는 대강(臺江) 시동(施洞) 일대에
서 유행하던 장신구이다.

묘족(苗族) 아동보명(兒童保命) 수권(手圈)
직경 4.3cm 무게 18g

한 쌍으로 구성되었고, 아무런 문양이 장식되어 있지 않은 육각형 팔찌이다. 이것은 대강(臺江) 묘족
지역에서 아이들을 보호하기 위해 팔에 착용시키는 장신구이다.

묘족(苗族) 모정식(帽釘式) 은수탁(銀手鐲)
직경 8.8cm 너비 3.2cm 무게 275g

한 쌍으로 구성된 이 팔찌는 폭이 넓고, 팔찌를 끼우는 부분이 벌어진 형태이다. 팔찌의 안쪽에는 꽃
이 투각되어 있고, 팔지의 겉면에는 3줄로 된 유정(乳釘) 문양이 새겨져 있다. 팔찌의 양 끝에는 5개
의 모정(帽釘)이 늘어서 있어 매화꽃처럼 보인다. 이것은 대강(臺江) 시동(施洞) 일대에서 유행하던
장신구이다.

묘족(苗族) 누공유정문(鏤空乳釘紋) 은수탁(銀手鐲)
직경 6.7cm 무게 45.3g

한 짝으로 구성되어 있고, 팔찌를 끼우는 부분이 벌어져 있다. 팔찌의 양 끝 부분에 국화가 장식되어
있고, 팔찌의 겉면에는 3줄의 장식이 투각되어 있다. 3줄의 장식 중 위쪽과 아래쪽 줄은 곡선으로 된
그물 문양이 연속되어 있고, 가운데 줄에는 유정(乳釘) 문양이 장식되어 있다. 이것은 뇌산(雷山) 독
남(獨南) 일대에서 유행하던 장신구이다.

묘족(苗族) 육릉형(六棱形) 은수탁(銀手鐲)
직경 8cm 무게 325g

한 쌍으로 구성되었고, 팔찌의 면이 육각형으로 되어 있다. 팔찌가 연결되는 부분은 은사(銀絲)를 휘
감아서 매우 튼튼해 보인다. 이 팔찌는 묘족 여성들이 착용하던 것이다.

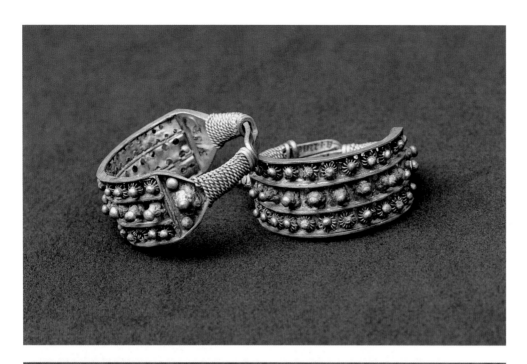

묘족(苗族) 관변화타문(寬邊花朶紋) 은수탁(銀手鐲)
직경 7.5cm 너비 3.2cm 무게 260g

한 쌍으로 구성된 이 팔찌는 가운데 부분이 넓은 형태로 되어 있다. 팔찌 겉면에는 3줄로 된 국화꽃 유정(乳釘) 문양이 있고, 양 끝의 은조(銀條) 부분에는 은사(銀絲)를 휘감아서 연결하였다. 매우 정교하게 만들어진 이 팔찌는 대강(臺江) 시동(施洞) 일대에서 유행하던 장신구이다.

묘족(苗族) 변형(辮形) 은수탁(銀手鐲)
직경 7cm 무게 91g

한 쌍으로 구성되었고, 팔찌를 끼우는 부분이 벌어진 형태이다. 3가닥의 은조(銀條)를 땋은 머리 형태로 감아 만든 것으로, 가운데의 한 가닥은 은사(銀絲)로 되어 있다. 이것은 대강(臺江) 시동(施洞) 일대에 사는 묘족 여성들의 팔찌이다.

묘족(苗族) 누공국타문(鏤空菊朵紋) 은수탁(銀手鐲)
직경 6.8cm 무게 38.3g

한 쌍으로 구성되었고, 팔찌를 끼우는 부분을 움직여서 조절할 수 있다. 팔찌의 겉면에는 국화 문양
이 투각되어 있고, 꽃술에는 유정(乳釘) 문양이 장식되어 있다. 이것은 대강(臺江) 시동(施洞) 지역
에서 유행하던 장신구이다.

묘족(苗族) 구철타화(九凸朵花) 은수탁(銀手鐲)
직경 10cm 무게 198g

한 쌍으로 구성된 이 팔찌의 겉면에는 9개의 돌출된 꽃 문양이 투각되어 있고, 꽃술 부분에는 유정
(乳釘) 문양이 장식되어 있다. 매우 정교하게 만들어진 이 팔찌는 개리(凱里) 묘족 여성들이 명절이
나 시집갈 때 착용하던 장신구이다.

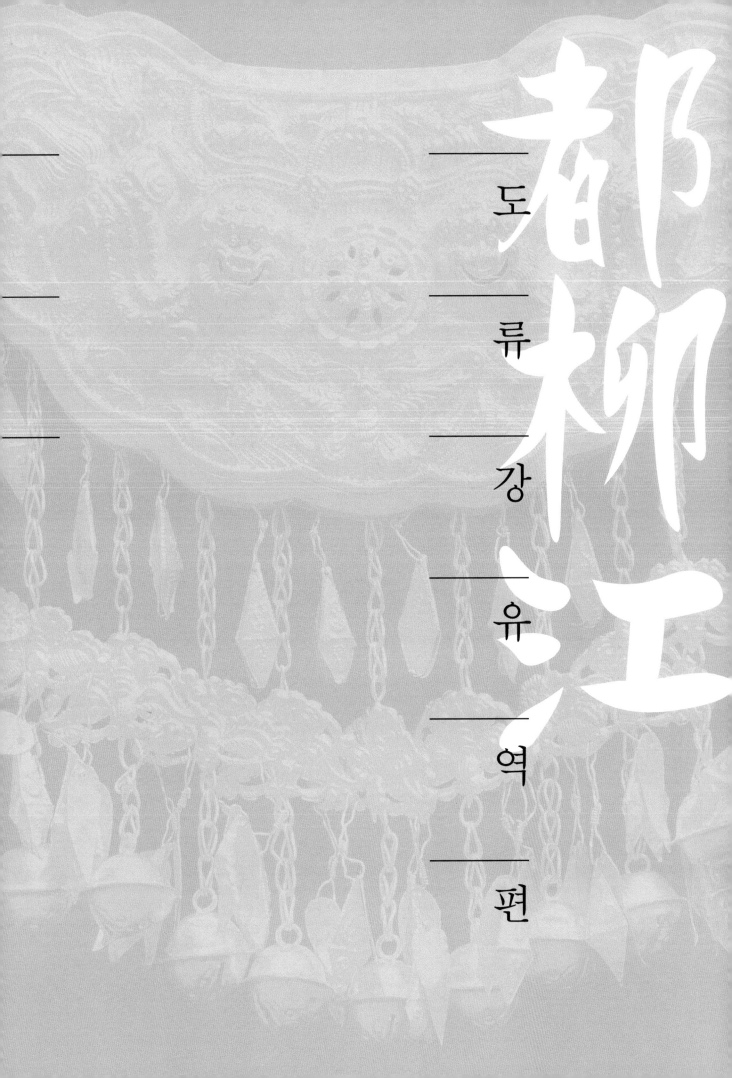

都柳江

도 류 강 유 역 편

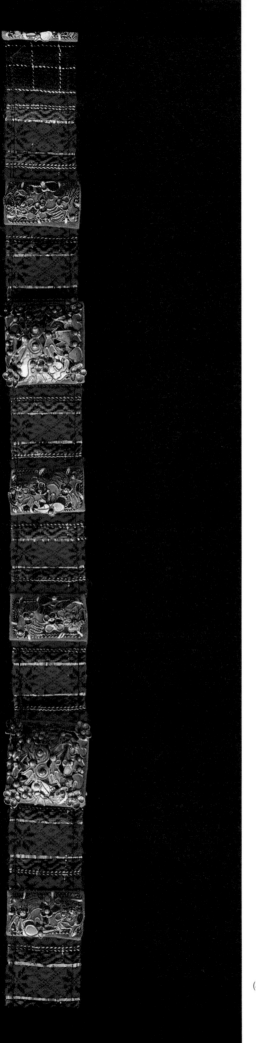

(부분)

묘족(苗族) 직금철누공은패(織錦綴鏤空銀牌) 마화파(馬花帕)
길이 105cm

직금화파(織錦花帕)를 바탕천으로 하여, 그 위에 8개의 투각된 화조(花鳥) 문양의 은화패(銀花牌)를 꿰매서 달아 놓았다. 이것은 도균(都勻) 왕사(王司) 일대의 묘족 여성들이 이마에 묶어서 장식하던 것이다.

묘족(苗族) 용문삼차(龍紋三叉) 은각(銀角)
높이 30.5cm 너비 40cm 무게 120g

은각의 양 끝은 펼쳐진 소뿔 형태로 생겼고, 뿔의 끝 부분은 두 갈래로 갈라져 있다. 이 은각의 중앙
에는 은편(銀片)이 산처럼 솟아 있고, 그 형태는 사각형과 원형으로 되어 있다. 은편 위에는 봉황, 용,
해바라기 문양이 있고, 은각의 몸통 부분에는 이룡희주(二龍戲珠) 문양이 새겨져 있다. 이 우각(牛
角)은 단채(丹寨) 아휘(雅輝) 일대 묘족 지역에서 유행하던 장식이다.

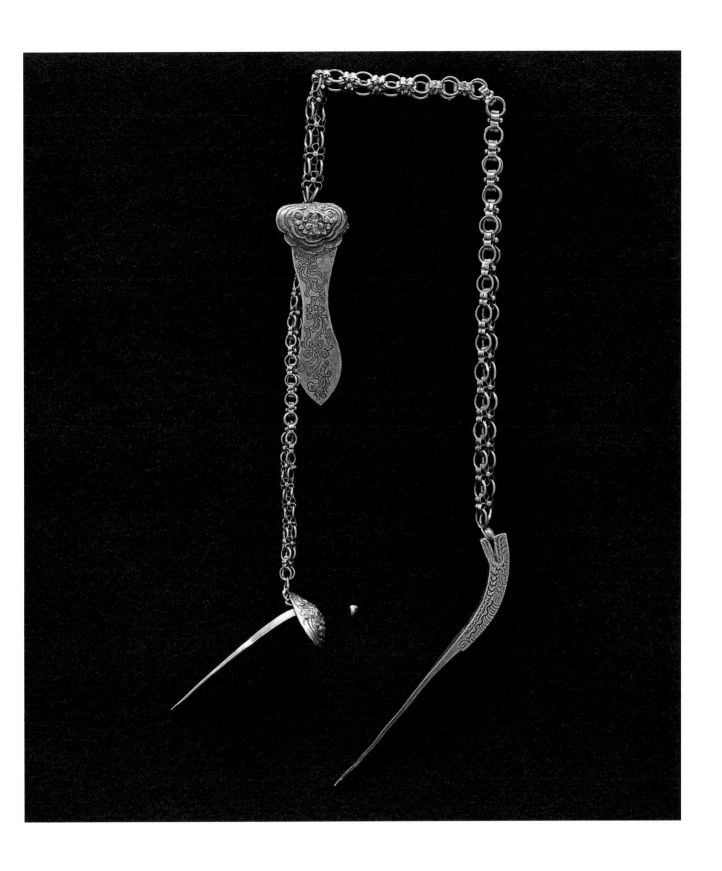

수족(水族) 용수문(龍首紋) 은두식(銀頭飾)
길이 50cm 무게 153g

이 머리 장식은 용머리 문양의 삽침(揷針), 박쥐 문양의 별잠(別簪), 나비 문양이 있는 국자 형태의
은잠(銀簪)을 이중으로 된 고리 사슬로 연결해 만든 것이다. 문양이 매우 정교하게 새겨진 이 두
식(頭飾)은 도균(都勻)과 삼도(三都) 일대에 사는 수족 여성들의 머리 장식이다.

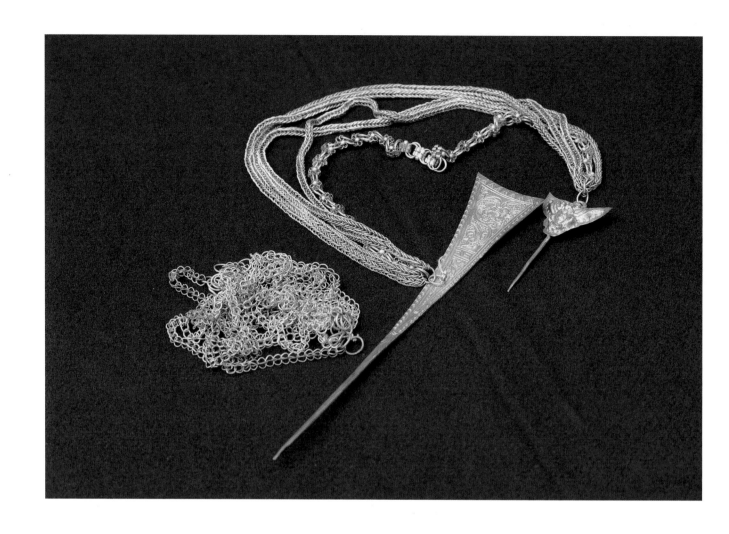

묘족(苗族) 대련(帶鏈) 은삽잠(銀插簪)
길이 50cm 무게 152g

삽잠(插簪)의 한쪽 끝은 'V'자 형태로 되어 있고, 다른 한쪽 끝은 나비 형태로 되어 있다. 이 두 장식
은 5가닥으로 된 그물 형태의 사슬로 연결되어 있다. 이것은 여평(黎平) 이류(已流) 묘족 여성들이
머리에 장식하던 장신구이다.

묘족(苗族) 봉조추수(鳳鳥墜穗) 은화잠(銀花簪)
높이 18cm 너비 14.5cm 무게 195g

달 모양의 은패(銀牌)에 은사(銀絲)를 꼬아서 대를 만들고 그 위에 꽃잎을 물고 있는 봉황을 세워 장
식하였으며, 그 주변에는 수많은 꽃 장식을 달았다. 꽃 장식의 꽃술 부분에는 다양한 색깔의 구슬을
달았고, 이외에도 과미(瓜米), 나비, 새 등을 달아서 장식하였다. 이것은 검남(黔南)의 도균(都勻) 왕
사(王司) 일대 묘족 지역에서 유행하던 장식이다.

묘족(苗族) 13보살(十三菩薩) 은소각(銀梳殼)
길이 8cm 너비 11cm

반원형으로 된 장식에 두 마리 용이 구슬을 두고 다투는 모습이 새겨져 있다. 이 장식의 테두리에는
13개의 보살 문양이 용접되어 붙어 있고, 빗 등 부분에는 유정(乳釘) 문양이 장식되어 있다. 현재 나
무로 된 빗살 부분은 남아 있지 않다. 이것은 여평(黎平) 이류(已流) 일대에서 유행하던 장신구이다.

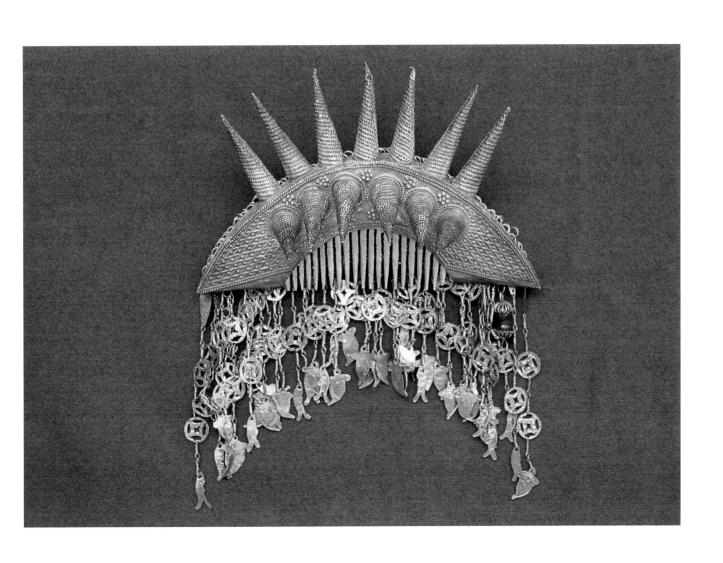

묘족(苗族) 13추각관추조전문(十三錐角冠墜吊錢紋) 포은화소(包銀花梳)
너비 20cm 무게 220g

화소(花梳)의 빗살 부분을 제외하고는 모두 은피(銀皮)로 싸여 있고, 그 위에는 마름모 문양, 기와 문양, 오목한 바늘귀[凹凰繡眼] 문양이 새겨져 있다. 빗 등과 위쪽에는 13개의 원뿔 은각(銀角)이 장식되어 있는데, 이는 악귀를 쫓는 의미가 담겨 있다. 빗의 아랫부분에는 과미(瓜米), 고전(古錢), 물고기 형태의 술 장식이 달려 있고, 양쪽 끝 부분에는 붉은색 구슬을 달아 장식하였다. 이것은 단채(丹寨)와 용강(榕江) 묘족 여성들의 쪽에 꽂는 머리 장식이다.

묘족(苗族) 나사배(螺蛳背) 포은목소(包銀木梳)
길이 10cm   너비 12cm

반달 모양의 빗으로, 빗살 부분을 제외한 모든 부분이 은피(銀皮)로 싸여 있다. 빗의 몸통 부분에는
화초 문양이 새겨져 있고, 빗 등에는 7개의 뾰족한 소라 문양이 용접되어 있다. 이것은 여평(黎平)
묘족 여성들의 머리 장식으로 사용되었다.

묘족(苗族) 화조문(花鳥紋) 포은목소(包銀木梳)
너비 9.7cm 무게 84g

반달 형태로 생긴 나무 빗이다. 빗살 부분을 제외한 모든 부분은 은피(銀皮)로 싸여 있고, 빗의 몸통
에는 봉황, 화훼(花卉), 고전(古錢) 문양이 새겨져 있다. 이 빗은 도균(都勻) 왕사(王司) 묘족 지역에
서 유행하던 장신구이다.

(부분)

수족(水族) 은보살대련(銀菩薩帶鏈) 포은목소(包銀木梳)
너비 16cm 무게 164.1g

반원형 나무 빗으로, 빗살 부분을 제외한 모든 부분이 은(銀)으로 싸여 있다. 빗 등의 정면에는 꽃송이 문양이 있는 은편(銀片)이 용접되어 있고, 빗 등의 윗부분에는 5개의 은보살이 장식되어 있다. 그리고 빗 등의 가장자리를 따라 17개의 나뭇잎이 달려 있다. 빗의 양쪽 끝에 있는 귀처럼 생긴 고리에는 은줄이 연결되어 있고, 이 은줄의 양쪽 끝 부분에는 꽃과 나비 문양이 장식된 발잠(髮簪)이 달려 있다. 이것은 삼도(三都) 삼동(三硐) 수족 여성들이 머리에 하던 장신구이다.

묘족(苗族) 24추각(二十四錐角) 은액관(銀額冠)(상)
길이 41cm 너비 6.7cm 무게 195.7g

은편(銀片) 2개를 용접해서 붙인 것으로, 각각의 판에 추각 12개가 장식되어 있다. 이것의 형태는 매우 독특한데, 가공 기술은 간단한 편이다. 이것을 착용하면 추각에 햇빛이 비쳐 반짝거리는 효과가 있으며, 추각은 악귀를 쫓는 액막이 기능도 있다. 이 머리 장식은 종강(從江) 파패(擺貝) 지역에서 명절에 성장할 때 이마에 장식하던 장신구로 남녀 모두 착용하였다.

묘족(苗族) 10추각(十錐角) 은관(銀冠)(하)
길이 41cm 너비 5cm 무게 127.7g

긴 막대 형태 은패(銀牌) 위에 12개의 추각을 용접해서 붙인 것으로, 악귀를 쫓고 평안을 기원하는 의미를 지니고 있다. 이것은 아이들이 착용하는 은위파(銀圍帕)이다.

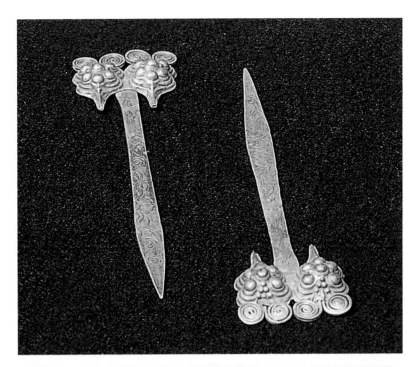

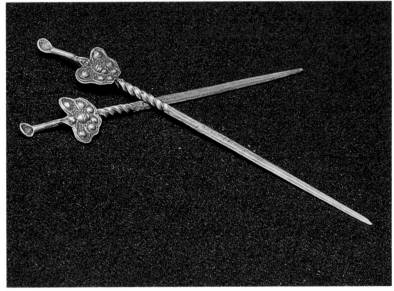

한 쌍으로 된 은잠이다. 한쪽 끝에는 돌출된 고양이머리 모양이 있고, 다른 쪽 끝은 납작한 막대기 형태로 생긴 마름모 모양의 삽침(插針)이 달려 있다. 이 삽침 위에는 수초화(水草花)가 새겨져 있다. 특이한 형태의 이 은잠은 검동남(黔東南)의 여평(黎平), 용강(榕江), 종강(從江)의 묘족·동족(侗族) 지역에서 유행하던 장신구이다.

묘족(苗族) 호접문알이작(蝴蝶紋挖耳勺) 은삽침(銀插針)
길이 15cm 무게 14g

한 쌍으로 구성된 삽침(插針)이며, 한쪽 끝이 둥근 삽침으로 되어 있다. 다른 한쪽 끝에는 귀이개[挖耳勺]가 달려 있고, 귀이개의 아래쪽에는 나비 문양이 장식되어 있다. 이 삽침의 가공 기술은 비교적 간단할 뿐만 아니라, 이중 기능도 갖춰져 있다. 이것은 검동남(黔東南) 여평(黎平), 용강(榕江), 종강(從江) 일대 묘족·동족(侗族) 지역에서 유행하던 장신구이다.

동족(侗族) 어접문(魚蝶紋) 은삽잠(銀揷簪)(좌측)
길이 28cm 무게 18g

이 삽잠(揷簪)은 얇은 은편(銀片)으로 제작되었다. 한쪽 끝은 넓고 평평한 막대 형태의 삽침(揷針)
으로 되어 있고, 다른 한쪽 끝은 3가닥의 띠처럼 되어 있다. 가운데의 아랫부분에는 물고기, 나비, 꽃
문양을 은사(銀絲)로 달아 장식하였고, 붉은색과 노란색의 털실을 함께 달아서 장식하여 더욱 아름
답게 보인다. 이것은 여평(黎平) 동족 여성들의 머리 장식으로 사용되었다.

수족(水族) 봉조호접화(鳳鳥蝴蝶花) 은발잠(銀髮簪)(우측)
길이 25cm 무게 8g

편조형(扁條形) 삽침(揷針)으로, 상단에는 둥근 기둥에 귀이개가 달려 있다. 그 아래는 은조(銀條)
를 회선(回旋) 문양으로 용접해서 붙였다. 가운데 부분에는 은사(銀絲)로 호접화(蝴蝶花, 봇꽃)를 달
아 놓았고, 꽃술 부분은 컬러로 된 구슬로 장식하였다. 이것은 삼도(三都) 수족 지역에서 유행하던
장신구이다.

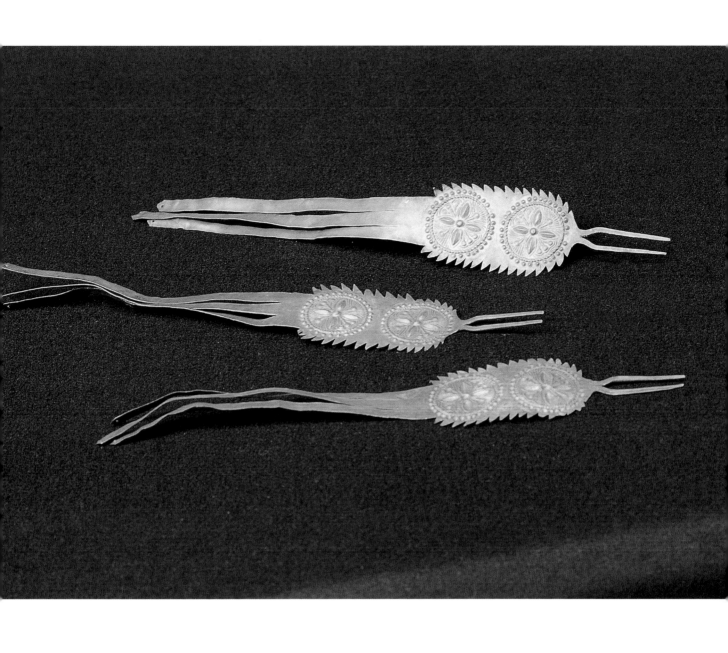

3개가 한 세트로 구성되어 있고, 얇은 은편(銀片)으로 만들어진 장신구이다. 한쪽 끝은 2가닥으로 된
편조형(扁條形) 삽침(插針)으로 되어 있고, 다른 쪽 끝은 3가닥으로 된 봉황 깃털 형태이다. 중간에
는 두 송이의 계미화(鷄尾花) 문양이 새겨져 있고, 테두리에는 톱니 무늬가 장식되어 있다. 이것은
종강(從江)과 여평(黎平) 일대의 묘족 여성들이 쪽 위에 꽂아서 장식하던 것이다.

묘족(苗族) 화갑충(花甲蟲) 은발잠(銀髮簪)
직경 5.8cm 무게 18.7g

3개가 한 세트로 원형 은편(銀片)에 돌출된 문양이 새겨져 있다. 은편에는 6마리의 갑충(甲蟲)이 대
칭으로 놓여 장식되어 있고, 테두리에는 유정(乳釘) 문양이 둘러져 있다. 그리고 아래쪽에는 한 가닥
으로 된 삽잠(插簪)이 달려 있다. 이것은 종강(從江) 묘족 여성들의 발잠(髮簪) 뒤에 장식하던 것이다.

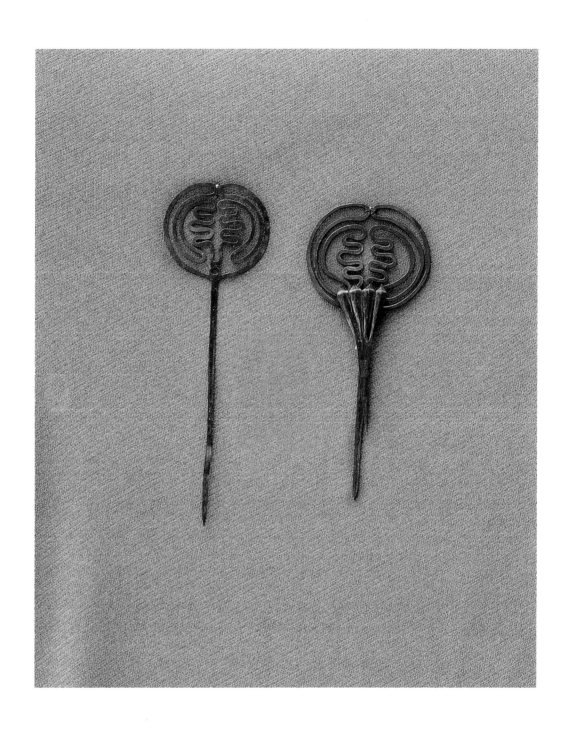

묘족(苗族) 기하문(幾何紋) 은발잠(銀髮簪)
길이 19.7cm 너비 6.5cm 무게 14g

이 발잠(髮簪)의 한쪽 끝에는 원형 기하(幾何) 문양이 있고, 다른 쪽 끝에는 편조형(扁條形) 삽침(插針)이 달려 있다. 이것은 용강(榕江)과 종강(從江) 일대 묘족 여성들이 머리에 하던 장신구이다.

묘족(苗族) 도형(桃形) 은별잠(銀別簪)
길이 33cm 너비 9cm 무게 207g

한 쌍으로 구성된 이 잠(簪)은 비수(匕首)처럼 생겼고, 자루 부분에는 여러 층으로 된 복숭아 문양이
있다. 그리고 비녀의 가운데 부분은 약간 도톰하고, 그 주변은 얇게 만들어졌다. 크기가 비교적 큰 편
이며, 구조는 간단하지만 매우 독특하게 생겼다. 이것은 현존하는 별잠(別簪) 중에서 가장 큰 것이다.
이 별잠은 여평(黎平) 이류(已流) 묘족 지역에서 유행하던 장신구이다.

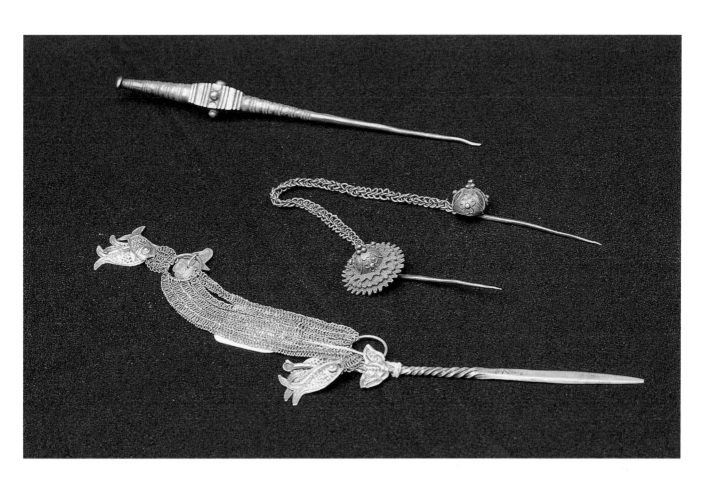

묘족(苗族) 은화(銀花) 삽잠(揷簪)(상, 중)
길이 8.5∼29cm 무게 90.6g

2개가 한 쌍으로 되어 있다. 하나는 기둥 형태의 횡조문(橫條紋) 삽침(揷針)이고, 다른 하나는 패
자(稗子, 돌피)와 연꽃 형태의 대련(帶鏈) 삽침으로 되어 있다. 이것은 도균(都勻) 왕사(王司)와
기장(基場) 일대 묘족 여성들의 머리 장식으로 사용되었다.

묘족(苗族) 대련어화(帶鏈魚花) 은발잠(銀髮簪)(하)
길이 19cm 무게 26.9g

편조형(扁條形) 삽침(揷針)으로, 고정된 고리에 5가닥의 은련(銀鏈)이 달려 있다. 고리에는 물고
기, 나비, 꽃이 달려 있고, 이것을 착용하면 5가닥의 은련이 그물처럼 펼쳐져서 쪽을 가리게 된다.
이것은 여평(黎平)과 도균(都勻) 일대에서 유행하던 머리 장식이다.

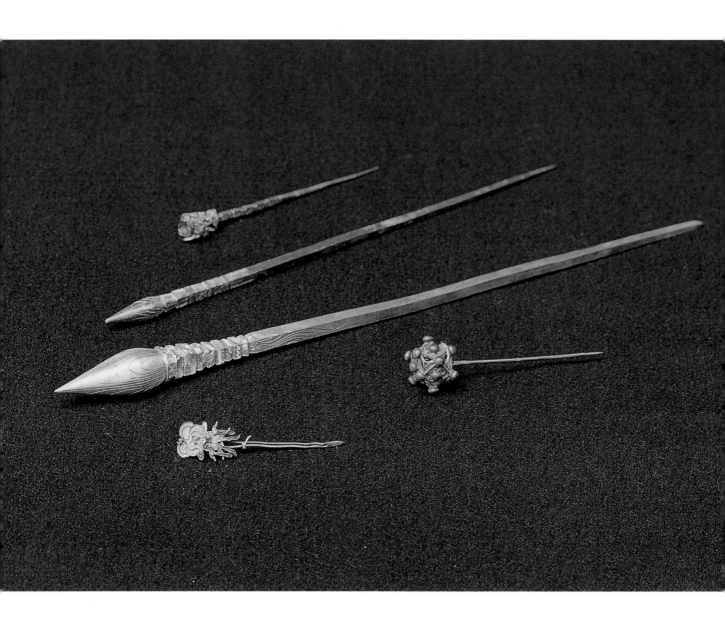

은삽잠(銀插簪)
길이 6~29cm 무게 2,3~100g

위쪽부터 순서대로 동족(侗族) 타화(朶花) 은삽침(銀插針), 묘족(苗族) 말리화뢰(茉莉花蕾) 은삽침,
동족 육방주정(六方柱釘) 은발잠(銀髮簪), 묘족 화형(花形) 은삽침이다. 이 은삽침은 대강(臺江), 용강
(榕江), 여평(黎平) 일대 묘족 · 동족 지역의 여성들이 머리에 장식하던 장신구이다.

묘족(苗族) 월형(鉞形) 은발잠(銀髮簪)
전체길이 17cm 무게 46g

2개가 한 쌍으로 된 발잠(髮簪)이며, 편조형(扁條形) 삽침(挿針)이 달려 있다. 도끼 형태의 잠에는
접화문(蝶花紋)과 태양문(太陽紋)이 장식되어 있고, 비녀의 한쪽 끝에는 등롱(燈籠)과 나뭇잎이
달려 있다. 이것은 여평(黎平) 용액(龍額) 묘족 아가씨들이 머리에 장식하던 장신구이다.

묘족(苗族) 나사매화대련(螺螄梅花帶鏈) 두식(頭飾)
길이 33cm 무게 46.5g

한쪽 끝에는 소라 형태의 삽침(揷針)이 달려 있고, 다른 쪽 끝에는 국자 형태의 삽잠(揷簪)이 달려 있다. 이 두 장식을 2가닥의 매화련(梅花鏈)이 연결하고 있다. 이 머리 장식은 현지에서 '포첨대련(炮簽帶鏈)' 발잠(髮簪)이라고도 부른다. 이것은 도균(都勻) 왕사(王司) 묘족 지역 여성들의 머리 장식이다.

동족(侗族) 죽절유정(竹節乳釘) 은이환(銀耳環)
직경 6.3cm 무게 60.5g

은조(銀條)를 구부려 고리를 만들고, 그 위에 은사(銀絲)를 여러 겹으로 휘감아 만든 귀걸이이다. 고리의 표면에 9개의 유정(乳釘)을 용접해 붙여서 디자인이 매우 독특해 보인다. 이것은 여평(黎平) 조흥(肇興) 일대에 사는 여성들의 귀걸이로 사용되었다.

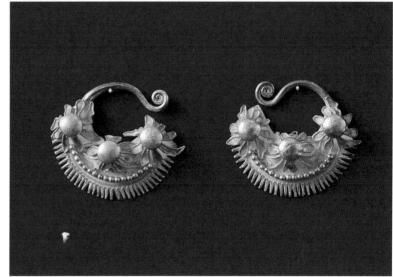

동족(侗族) 국화룡과형(菊花龍瓜形) 이환(耳環)
직경 4.4cm 무게 41.1g

은조(銀條)로 고리를 만들고, 은편(銀片) 가장자리에는 용 발톱 형태의 톱니 장식이 있다. 그 위에 3송이의 야생 국화 문양을 용접해서 붙였고, 은구슬로 꽃술 부분을 장식해 매우 생동감 있어 보인다. 이것은 여평(黎平) 조흥(肇興) 일대 동족 여성들의 귀걸이로 사용되었다.

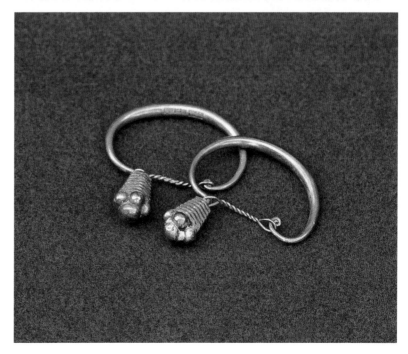

동족(侗族) 정라추(釘螺墜) 이환(耳環)
길이 5cm 무게 37.3g

은조(銀條)를 콩팥 모양으로 구부려 고리를 만들었고, 양 끝이 만나는 부분은 은사(銀絲)를 꼬아서 활시위 형태로 만들어 연결하였다. 그리고 한쪽 끝 부분에는 정라(釘螺, 달팽이의 일종) 모양의 추를 달아서 장식해 매우 독특해 보인다. 이것은 여평(黎平) 동족 여성들이 귀에 다는 장신구이다.

동족(侗族) 등롱조수(燈籠吊穗) 은이환(銀耳環)
길이 8.5cm 무게 24.2g

등롱(燈籠) 형태로 생긴 이 귀걸이는 윗부분에 은으로 된 갈고리를 달아서 고리처럼 만들었다. 그리고 고리의 양 끝은 동그랗게 말려 있다. 갈고리 아래에는 은사(銀絲)를 3단으로 짜서 만든 삿갓 형태의 판이 있고, 그 아래에 다시 나뭇잎 문양을 술 장식으로 달았다. 이것은 여평(黎平) 일대에서 유행하던 장신구이다.

묘족(苗族) 매화조수(梅花吊穗) 이환(耳環)
길이 8.2cm 무게 31g

갈고리 형태로 생긴 귀걸이에 호접패(蝴蝶牌)가 달려 있고, 그 아래에 매화 잎 장식과 침통(針筒) 장식이 달려 있다. 이것은 도균(都勻) 기장(基場)과 왕사(王司) 일대 묘족 여성들의 귀걸이 장식이다.

묘족(苗族) 어조라(魚罩籮) 은이환(銀耳環)
길이 7cm 무게 18.7g

귀걸이의 양 끝이 이어진 모양은 'S'자 형태이고, 그 아래에는 은사(銀絲)로 짜인 그물 모양의 어조라가 달려 있다. 어조라의 아래 부분에는 나뭇잎 장식을 달았다. 이것은 여평(黎平) 묘족 여성들이 사용하던 귀걸이이다.

묘족(苗族) 호접금과추(蝴蝶金瓜墜) 이환(耳環)
길이 7.3cm 무게 24.2g

귀걸이의 한쪽 끝은 뾰족하고, 다른 쪽 끝은 납작한 막대기처럼 생겼다. 위쪽에는 가는 줄로 세공된 나비 한 마리가 붙어 있고, 아래쪽 고리에는 작은 나뭇잎이 달려 있으며, 중간에는 금과(金瓜)를 달아 장식하였다. 이것은 송도(松桃) 일대 묘족 여성들이 사용하던 귀걸이이다.

동족(侗族) 정라(釘螺) 은이환(銀耳環)
직경 6cm 무게 124g

원형의 귀걸이로 육각형 모양 고리가 꾹 눌려진 형태로 생겼다. 양 끝은 굵고 중간은 가늘며, 3면에는 화초 문양이 새겨졌다. 그리고 한쪽 끝에는 4개의 정라(釘螺, 달팽이의 일종)가 용접되어 있다. 이 귀걸이는 여평(黎平) 일대 젊은 여성들이 하는 장신구였지만, 나이 든 여성들이 친정 나들이 갈 때 착용하기도 했다.

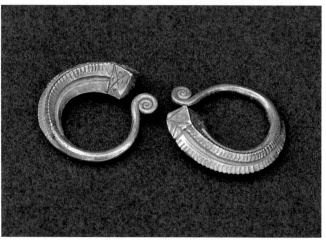

동족(侗族) 우각형(牛角形) 이환(耳環)
직경 3cm 무게 38.5g

소뿔 모양의 귀걸이로 한쪽 끝 부분은 굵은 사각형 모양이고, 고리의 면에는 3줄로 된 톱니 문양이 새겨져 있다. 이것은 여평(黎平) 동족 지역 여성들이 사용하던 귀걸이이다.

동족(侗族) 과접패엽추(瓜蝶牌葉墜) 은이환(銀耳環)
길이 7.6cm 무게 16.2g

원형의 귀걸이로 한쪽 끝은 송곳처럼 뾰족하고, 다른 쪽 끝은 넓고 평평하게 생겼다. 고리의 면에는 곡파(曲波) 문양과 점주(點珠) 문양이 새겨져 있고, 고리 아래에는 사각판과 나뭇잎 장식이 달려 있다. 이것은 여평(黎平) 일대에서 유행하던 귀걸이이다.

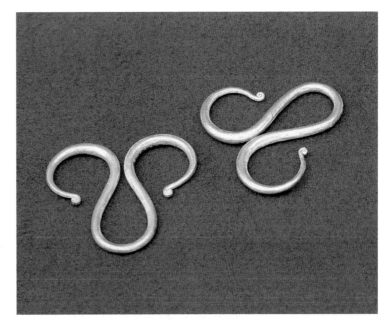

묘족(苗族) 칭구식(稱鉤式) 이환(耳環)
길이 5.5cm 무게 83g

은조(銀條)를 저울의 고리 모양으로 구부려 만든 것으로 형태가
매우 독특하다. 이것은 여평(黎平) 일대 묘족 여성들이 착용하던
귀걸이이다.

묘족(苗族) 궁등추(宮燈墜) 은이환(銀耳環)
길이 8cm 무게 41.5g

은조(銀條)를 구부려 고리처럼 만든 귀걸이로, 그 아래에 사각형
의 궁등(宮燈)을 달아 장식하였다. 궁등 위에는 두 송이의 매화꽃
장식을 용접해서 붙여 놓았다. 이것은 검하(劍河) 일대 묘족 여성
들이 사용하던 귀걸이이다.

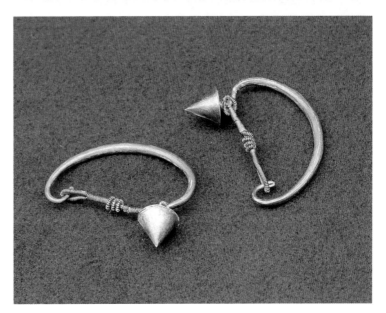

묘족(苗族) 산대형(蒜薹形) 은이환(銀耳環)
길이 5.8cm 무게 21g

은조(銀條)를 구부려 고리처럼 만든 것으로, 그 형태가 마늘종[蒜
薹]처럼 보인다. 귀걸이에 마늘종의 뾰족한 끝 부분 모양을 닮은
추를 달았고, 고리의 양 끝은 가는 은사(銀絲)를 감아서 연결하였
다. 디자인은 간결하지만, 매우 독특한 느낌을 주는 귀걸이이다. 이
것은 도균(都勻) 기장(基場) 묘족 지역에서 유행하던 장신구이다.

묘족(苗族) 13근참화(十三根鏨花) 은배권(銀排圈)
직경 12~27cm 무게 1900g

13개가 한 세트이고, 목 장식과 가슴 장식으로 구분되어 있다. 6개로 된 목 장식은 목의 두께에 맞
게 만들어졌고, 7개로 된 가슴 장식은 바깥쪽으로 갈수록 점점 더 커지는 형태로 되어 있다. 장식
전체에는 화초 문양이 새겨져 있다. 이 배권(排圈)은 종강(從江) 서산(西山) 지역에서 유행하던
것으로, 무거운 것을 아름다운 것이라고 여기는 묘족 여성들의 심리가 잘 반영된 장신구이다.

이 목걸이는 여러 가닥으로 된 가는 은사(銀絲)를 휘감아 공작 꼬리 깃털 모양처럼 만든 것이다. 목걸이의 양쪽 끝 부분은 원기둥에 은사를 휘감아서 만들었고, 목걸이를 거는 고리 부분은 풀매 듭 형태로 되어 있다. 이것은 도균(都勻), 왕사(王司), 기장(基場) 일대 묘족 여성들이 가슴 앞에 하는 장신구이다.

묘족(苗族) 등식(藤式) 은항권(銀項圈)
직경 7cm 무게 700g

3개가 한 세트인 이 목걸이는 2가닥을 덩굴 형태로 꼬아 만든 것으로, 목걸이를 거는 고리 부분은 풀매듭으로 되어 있다. 이 목걸이는 여평(黎平) 암동(岩洞) 묘족 여성들의 장신구로 결혼 전에는 3개, 결혼 후에는 1개만 건다.

묘족(苗族) 교사(絞絲) 은항권(銀項圈)
직경 12~16cm

3개가 한 세트인 이 목걸이는 은조(銀條)를 꼬아 만들었고, 중간 부분은 굵고 양 끝은 가늘게 생겼다. 목걸이를 거는 고리 부분은 풀매듭 형태이고, 풀매듭에는 은(銀)으로 된 자물쇠를 달았다. 이것은 여평(黎平), 종강(從江), 용강(榕江) 묘족·동족(侗族) 지역 여성들이 가슴 앞에 하는 장신구이다.

수족(水族) 이룡희주(二龍戲珠) 은압령(銀壓領)
길이 22.1cm 너비 5.6cm 무게 134g

반달 형태인 이 은압령은 은패(銀牌)를 이중으로 용접해서 붙인 것이다. 은패의 바다 부분은 평평하고, 윗부분의 바탕은 권초(卷草) 문양을 투각해 놓은 형태이며, 그 위에는 쌍룡희주 문양을 용접해서 붙여 놓았다. 이 활 모양 은패의 아랫부분에는 나비와 나뭇잎 술 장식을 달았다. 여성들이 성장할 때 가슴 앞에 달아서 장식하던 이 압령은 주로 삼도(三都) 삼동(三硐) 일대에서 유행하던 장신구이다.

수족(水族) 쌍룡어봉접문(雙龍魚鳳蝶紋) 은압령(銀壓領)
길이 26cm 무게 500g

반달 형태의 은패(銀牌)를 이중으로 용접해 붙인 압령(壓領)이다. 바닥 부분은 평평하고, 위쪽의 바탕 부분은 쌍룡희주(雙龍戲珠) 문양을 새겨놓았다. 그 위쪽으로 쌍봉(雙鳳), 쌍어(雙魚), 쌍접(雙蝶) 문양을 대칭되게 붙였고, 아래 부분에는 나비, 꽃, 물고기, 새, 마름모 형태의 향령(響鈴)을 달았다. 이것은 도균(都匀), 왕사(王司), 기장(基場) 일대에서 유행하던 장신구이다.

(부분)

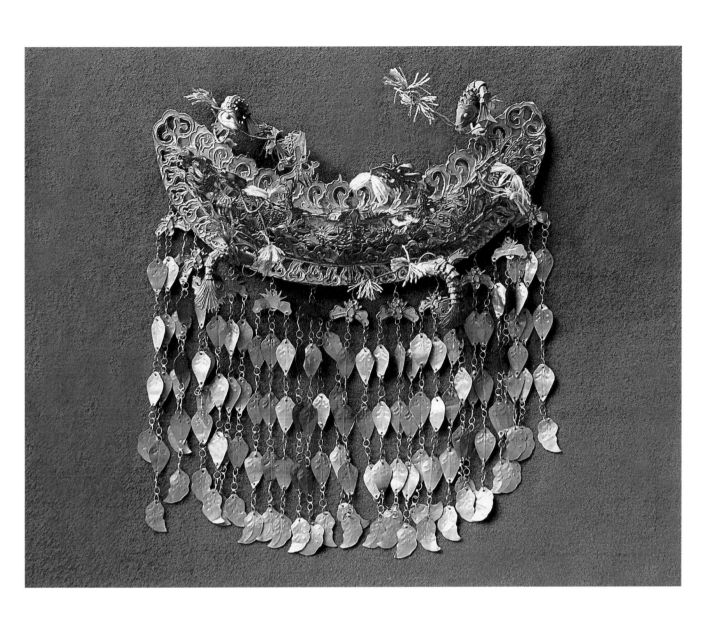

수족(水族) "용봉길상(龍鳳吉祥)" 은압령(銀壓領)
길이 29.5cm 무게 336.5g

반달 형태의 은패(銀牌)로 은편(銀片)에 파도, 용어(龍魚)가 물속에서 헤엄치는 모습, 봉황이 바다에서 빙빙 돌며 나는 모습을 투각해 놓았다. 붉은색과 푸른색 견사로 어룡(魚龍)의 수염을 장식하였고, 은패의 아래쪽에는 나비와 나뭇잎 술 장식을 달았다. 이것은 삼도(三都) 삼동(三硐) 수족 여성들이 성장할 때 가슴 앞에 다는 장신구이다.

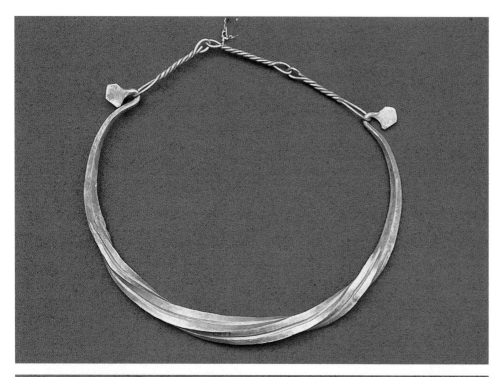

동족(侗族) 뉴색(扭索) 은항권(銀項圈)
직경 23cm 무게 420g

은조(銀條)를 밧줄 형태로 꼬아 만든 것으로, 중간 부분은 굵고 양 끝은 가늘다. 목걸이를 거는 입구 부분은 넓고, 입구의 양 끝 부분은 은사(銀絲)를 감아 만든 3개의 마디를 서로 엮어 목걸이와 연결해 놓았다. 이것은 목걸이를 걸 때 입구 부분의 역할을 한다. 이 목걸이는 용강(榕江) 동족 여성들의 목 장식으로 사용되었다.

수족(水族) 은항권(銀項圈)
직경 16.7~18.6cm 무게 540g

2개가 한 쌍인 이 목걸이는 하나는 사릉형(四棱形)이고, 다른 하나는 뉴색형(扭索形)이다. 이 목걸이를 착용할 때는 한꺼번에 다른 것 몇 개를 걸어서 장식하였다. 이것은 삼도(三都) 수족 여성들의 목 장식으로 사용되었다.

밧줄 형태로 생긴 이 목걸이는 가운데 부분은 굵고 양 끝은 가늘며, 목걸이를 거는 부분이 풀매듭
으로 되어 있다. 매우 화려하고 값비싸 보이는 이 목걸이는 종강(從江), 용강(榕江), 여평(黎平) 묘
족ㆍ동족(侗族) 지역 여성들의 목 장식으로 사용되었다.

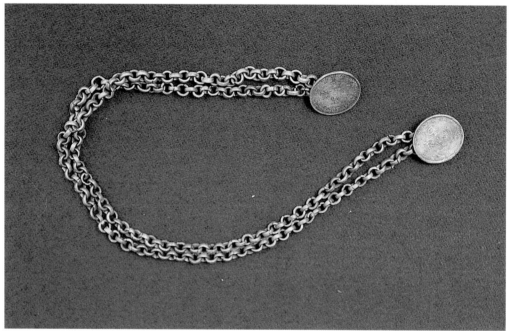

묘족(苗族) 금과(金瓜) 은항련(銀項鏈)
길이 48cm 무게 62g

박[瓜]처럼 생긴 타원형의 구슬을 2개의 고리에 연결해 만든 목걸이로, 용강(榕江) 묘족·동족
(侗族) 지역 여성들이 가슴 앞에 달아서 장식하던 장신구이다.

묘족(苗族) 원환(圓環) 위요련(圍腰鏈)
길이 29cm 무게 125g

동그란 고리를 서로 연결하여 사슬처럼 만든 것으로, 양쪽 끝 부분에는 은화(銀貨)를 달았다. 이
것은 여평(黎平) 묘족 여성들이 허리에 둘러서 장식하던 장신구이다.

묘족(苗族) 동편련식(銅片鏈式) 항련(項鏈)
길이 57cm 무게 169.5g

이 목걸이는 고리처럼 만든 동편(銅片)을 서로 엮은 것으로, 여평(黎平) 암동(岩洞) 묘족 여성들의 가슴 장식으로 사용되었다.

묘족(苗族) 관주(串珠) 은항련(銀項鏈)
길이 60cm 무게 101.5g

이 목걸이는 59개의 속이 빈 원형 구슬을 꿰어 만든 것으로, 용강(榕江) 팔개(八開) 묘족 여성들의 가슴 장식으로 사용되었다.

묘족(苗族) 은봉보살문(銀鳳菩薩紋) 흉패(胸牌)
너비 14cm 무게 58.2g

이 가슴 장식의 문양은 3부분으로 나누어졌다. 가장 위쪽은 쌍봉(雙鳳) 문양이고, 가운데 부분
에는 꿀벌이 꽃에서 꿀을 채집하는 문양이 3종류로 새겨져 있으며, 아래 부분에는 7개의 보살
형상이 있다. 이것은 단채(丹寨) 아휘(雅輝) 일대에서 유행하던 것으로, 묘족의 미혼 여성들이
성장할 때 가슴 앞에 달아서 장식하던 것이다.

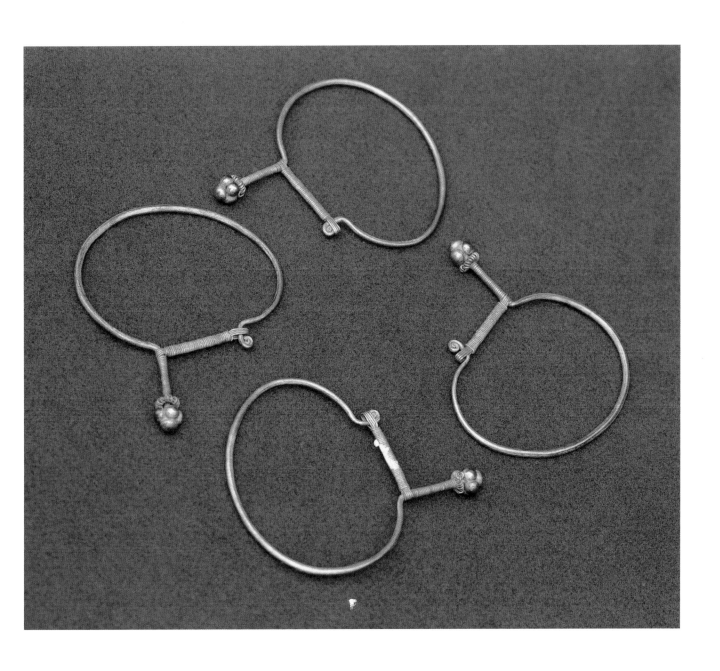

요족(瑤族) 부녀(婦女) 은조식(銀吊飾)
너비 7.5cm 무게 61.6g

이것은 4개가 한 세트로 은조(銀條)를 구부려 귀걸이처럼 만든 것이다. 맞물리는 부분은 풀매듭으로 처리되었고, 끝에 구슬을 달아 장식하였다. 처음에 이 장신구는 요족 여성들의 귀걸이로 사용되었지만, 도적의 약탈로 인하여 가슴에 거는 장신구로 바뀌어 사용되었다. 이것은 여파(荔波) 요족 여성들이 사용하던 장신구이다.

동족(侗族) 나사형(螺蛳形) 배조(背吊)
너비 17.7cm

'S'자 형태로 생긴 이 배조의 양쪽 끝 부분에는 소라[螺蛳] 형태의 장식이 달려 있다. 이것은 여평(黎平) 동족 여성들의 등 장식으로, 가슴 앞에 달았던 위요(圍腰)와 균형을 맞추는 용도로 사용되었다.

묘족(苗族) 나문(螺紋) 은배패(銀背牌)
너비 15cm 무게 92g

은조(銀條)를 'S'자 형태로 구부려 만든 것으로, 양쪽 끝에는 나선 문양이 있다. 이것은 여평(黎平) 일대 묘족 여성들의 옷 뒷부분에 다는 장신구이다.

동족(侗族) 다릉각나사형(多棱角螺蛳形) 배조(背吊)
너비 18cm

쌍구(雙鈎) 형태로, 고리 끝에는 소라[螺蛳] 형태의 판을 달았고, 가운데 부분에는 다각형의 장식물을 달아 놓았다. 이것은 여평(黎平)에서 유행하던 장신구로, 동족 여성들이 위요(圍腰) 장식을 달 때 등 부분에 장식하던 것이다. 이 배조는 가슴 앞에 다는 위요와 균형을 맞추는 역할을 했다.

묘족(苗族) 은권(銀權) 배조(背吊)
높이 10cm 무게 740g

이 장식은 다변삼각형(多邊三角形) 모양으로 만들어졌고, 위쪽 중앙에는 두꺼운 원형 고리가
용접되어 붙어 있다. 마름모 형태의 4면에는 매화꽃 문양이 새겨져 있다. 이것은 묘족 여성들의
등 장식으로, 흉의(胸衣)를 조여 주는 용도로 사용되었다. 여평(黎平), 종강(從江), 용강(榕江)
의 묘족 · 동족(侗族) 지역에서 유행하던 장신구이다.

묘족(苗族) 원형요면(圓形凹面) 위흉배조(圍胸背吊)
직경 4cm

2개가 한 쌍으로 위흉(圍胸)을 고정하는 용도로 사용되었다. 이것은 목 뒤 위흉을 묶는 부분에
달아서 조일 수 있게 만들어졌다. 이것은 여평(黎平) 용액(龍額) 묘족 지역에서 유행하던 장신
구이다.

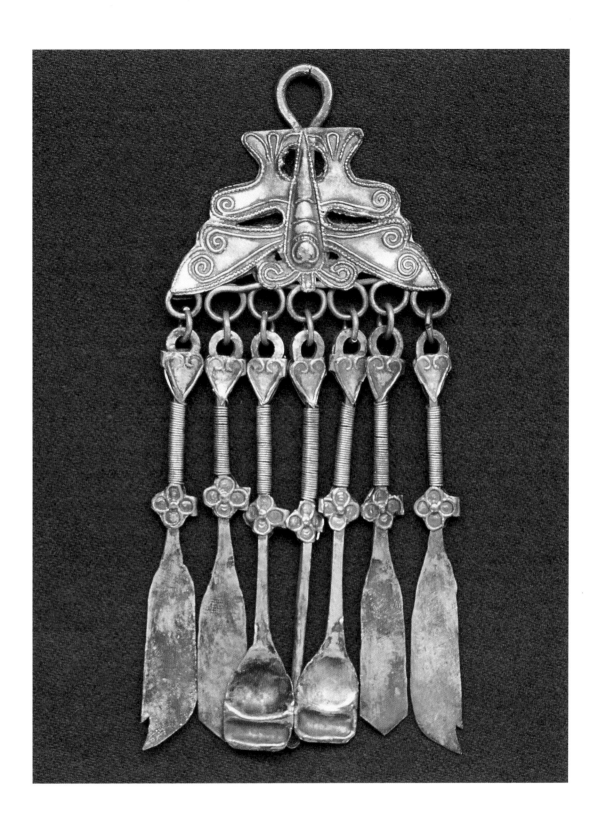

동족(侗族) 파루형(筢簍形) 은조식(銀弔飾)
전체길이 21.5cm 무게 86.5g

파루[筢簍, 채롱(-籠)] 형태의 은패(銀牌)로, 가운데 부분은 비어 있고, 양쪽 면에는 쌍어(雙魚), 매화, 연주(連珠), 유정(乳釘) 문양이 새겨져 있다. 그리고 그 아래에는 나비, 물고기, 향령(響鈴) 술 장식이 달려 있다. 이것은 여평(黎平)과 종강(從江) 묘족(苗族)·동족 지역의 젊은 남성들이 허리에 달던 장신구이다.

묘족(苗族) 호접형(蝴蝶形) 조식(弔飾)
길이 19.5cm

나비 형태의 은패(銀牌)로, 은패의 아래 부분에는 칼, 삽, 귀이개를 달았다. 이것은 종강(從江) 묘족·동족(侗族) 지역 젊은 남성들이 허리에 달아서 장식하던 장신구이다.

묘족(苗族) 호접패(蝴蝶牌) 조식(吊飾)
길이 57cm

이 조식(吊飾)은 3개의 은패(銀牌)를 여러 가닥
의 은련(銀鏈)으로 연결해 만든 것이다. 가운데
부분의 사각형 은패에는 원앙희수(鴛鴦戲水) 문
양이 새겨져 있고, 그 아래에는 나비 형태의 은패
가 있다. 이 날개가 펼쳐진 나비 형태의 은패 가
장자리에는 칼, 검(劍), 귀이개, 향령(響鈴)을 달
아 장식하였다. 이것은 젊은 남성들의 허리에 다
는 장신구로, 검남(黔南) 일대 묘족(苗族), 요족(瑤
族), 장족(壯族) 지역에서 유행하였다.

묘족(苗族) 접패(蝶牌) 은조식(銀弔飾)
길이 60cm 무게 490g

위와 아래 은패(銀牌)의 양쪽 면에는 나비 문양
이 장식되어 있고, 가운데 부분 은패에는 쌍룡희
주(雙龍戲珠) 문양이 새겨져 있다. 각각의 은패
는 은피통(銀皮筒)으로 연결되어 있다. 맨 위에
는 원형 고리가 달려 있고, 가장 아래 부분에는
병기(兵器) 술 장식이 달려 있다. 이것은 여평(黎
平) 묘족 남성들이 허리에 다는 장신구이다.

수족(水族) 편복(蝙蝠) 은조식(銀弔飾)
길이 47.3cm 너비 14cm 무게 188.7g

수족(水族) 편복(蝙蝠) 은조식(銀弔飾)
길이 37.8cm 너비 13cm 무게 81.3g

수족(水族) 편복(蝙蝠) 은조식(銀吊飾)
길이 37~48cm, 무게 81.4~180g

박쥐 형태의 은패(銀牌) 위에 속이 비어
있는 화수구(花綉球)와 원형 고리가 달려
있고, 박쥐 모양의 은패 중앙에는 원형 도
안에 '수(壽)'자가 새겨져 있다. 박쥐의 양
쪽 날개 아래에는 속이 비어 있는 작은 공
모양의 꽃과 어패도(魚牌刀) 장식이 달려
있다. 정교하게 만들어진 이 장신구는 삼
도(三都) 삼동(三硐) 수족 여성들이 성장
할 때 허리에 다는 장신구이다.

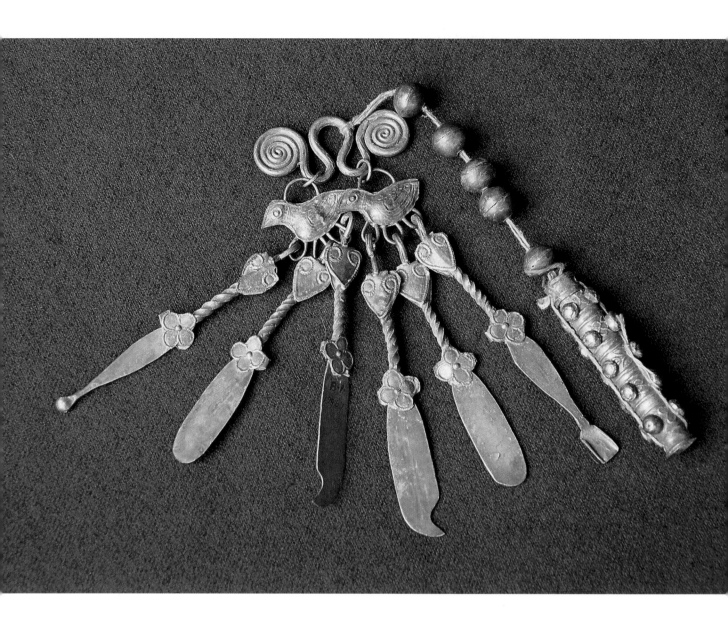

묘족(苗族) 작조침통(雀吊針筒) 조식(吊飾)
길이 19cm

이 장식의 꼭대기 부분에는 유정(乳釘) 문양이 있는 원기둥 형태의 침통(針筒)이 달려 있다. 이
침통은 5개의 구슬을 꿰어 놓은 선과 연결되어 있고, 이 선은 나선형 은 고리에 묶여져 있다. 그
아래에는 참새와 조도(吊刀), 삽, 국자 등 변형된 형태의 병기(兵器)가 달려 있다. 이 조식은 여
평(黎平), 종강(從江), 용강(榕江) 일대 묘족·동족(侗族) 지역에서 유행하던 장식으로, 남녀
모두가 착용하였다.

수족(水族) 모란문(牡丹紋) 은조포(銀吊包)
길이 30cm 무게 123g

콩팥 형태의 은조포 위에 모란꽃 문양이 새
겨져 있고, 그 위에는 여러 가닥의 은련(銀
鏈)이 달려 있다. 은련의 중간에는 4개의
꽃잎이 달린 꽃 문양이 꿰어져 있고, 가장
위에 있는 은 고리는 2가닥의 은련을 매듭
지어 연결하고 있다. 아래 부분에는 속이 빈
작은 공 모양의 꽃과 칼, 창, 검 등의 병기
(兵器)를 술 장식으로 달아 놓았다. 이것은
삼도(三都) 수족 여성들이 성장할 때 허리
에 다는 장신구이다.

동족(侗族) 공계관주(公鷄串珠) 위요조(圍腰吊)
무게 128.4g

꼭대기 부분에 수탉이 있는 장식으로, 그 아래에는 사각형의 갑, 사각매화패(四角梅花牌), 만
자단주(萬字團珠) 4알, 금과(金瓜)가 차례로 달려 있고, 가장 아래 부분에는 침통(針筒)이
달려 있다. 이 장식들 사이에는 작은 구슬을 채워 간격을 두었다. 이것은 용강(榕江) 동족 여
성들이 오른쪽 허리에 다는 위요(圍腰) 바깥쪽에 거는 장신구이다.

묘족(苗族) 죽절주면(竹節珠面) 은이환(銀耳環)
길이 5cm

귀걸이의 끝 부분은 나선 문양으로 되어 있고, 은사(銀
絲)를 휘감아 죽절(竹節) 모양으로 만든 고리 부분에 7
개의 구슬을 용접해 붙여 놓았다. 이것은 여평(黎平)과
종강(從江) 일대 묘족 여성들이 하던 귀걸이 장식이다.

묘족(苗族) 호접형(蝴蝶形) 소식(吊飾)

4개의 은패(銀牌)를 은련(銀鏈)으로 연결
한 것으로, 가장 위쪽과 아래쪽에는 나비 모
양의 은패가 있다. 그리고 중간 부분에는 화
패(花牌)와 수자패(壽字牌)가 있고, 가장 아
래 부분에 있는 나비 은패의 가장자리에는
동물과 병기(兵器) 장식이 달려 있다. 이것
은 여평(黎平), 종강(從江), 용강(榕江) 일
대 묘족·동족(侗族) 지역 젊은 남성들이
하던 장신구이다.

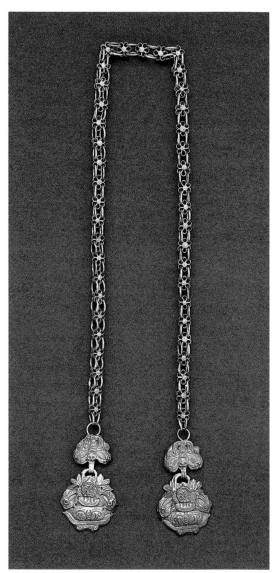

묘족(苗族) 화람패(花籃牌) 위요련(圍腰鏈)
길이 87.5cm 무게 296g

2개의 고리를 사슬처럼 엮어 만든 것으로, 사슬의 양쪽 끝에는 꽃바구니[花籃] 형태의 패(牌)가
달려 있다. 착용할 때는 이것을 목에 걸어서 위요(圍腰)와 연결해서 사용하였다. 이것은 마강(麻
江), 개리(凱里), 단채(丹寨) 일대 묘족 여성들의 장신구로 사용되었다.

묘족(苗族) 매화조람(梅花吊籃) 위요련(圍腰鏈)
길이 84cm 무게 123g

2개의 고리를 사슬처럼 엮어 만든 것으로, 사슬의 양쪽 끝에는 나비와 꽃바구니[花籃] 형태의 은
패(銀牌)가 달려 있다. 이 은패의 뒤편에는 고리가 달려 있다. 이것은 단채(丹寨) 묘족 지역에서
사용하던 것으로 목에 걸어 위요(圍腰)와 연결해서 착용하였다.

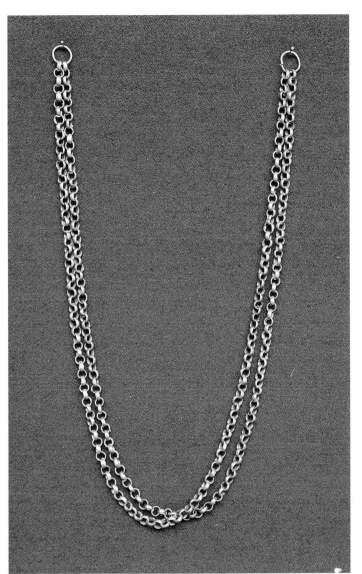

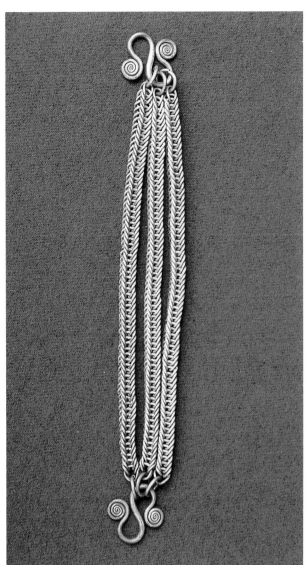

묘족(苗族) 원환(圓環) 위요련(圍腰鏈)
길이 29cm

고리를 서로 연결해서 사슬처럼 만든 것으로, 양쪽 끝 부분에는 원형 고리가 달려 있다. 이것은
여평(黎平) 묘족 여성들이 사용하던 위요련이다.

묘족(苗族) 삼고사릉(三股四棱) 위요련(圍腰鏈)
길이 25cm

은사(銀絲)로 짜인 사각 줄 형태의 장식이며, 3가닥으로 이루어져 있다. 양쪽 끝 부분에는 'S'자
형태의 나선형 고리가 달려 있다. 이것은 여평(黎平) 청방(青榜) 묘족 여성들이 위요(圍腰)에
달아서 장식하던 장신구이다.

묘족(苗族) 호접화람형(蝴蝶花籃形) 수장품(隨葬品)
길이 46.2cm

4개가 한 세트인 이 장신구에는 그릇[碗], 국자[勺], 젓가락[筷], 나비 문양이
술 장식으로 달려 있다. 이것은 악귀를 쫓는 액막이 기능이 있는 묘족 은식(銀
飾)을 다른 방면으로 발전시키는 역할을 했다. 부장품으로 사용된 이것은 도
균(都勻) 기장(基場) 일대 묘족의 장례용품이다.

수족(水族) 호접(蝴蝶) 은조식(銀吊飾)
길이 38.5cm 무게 165g

2개의 고리를 사슬처럼 연결해 만든 것으로, 사슬의 끝 부분에는 양면으로 된 나비 형태의 장식이
달려 있다. 나비 장식 아래에는 4줄의 등롱(燈籠)과 나뭇잎 술 장식이 달려 있다. 매우 정교하게
만들어진 이 장신구는 도균(都勻) 삼도(三都) 수족 지역에서 유행하던 것이다.

묘족(苗族) 쌍룡쌍사문(雙龍雙獅紋) 은괘패(銀挂牌)
전체길이 55.5cm 무게 151g

2가닥의 은련(銀鏈)과 3개의 은패(銀牌)로 구성된 장신구이다. 가장 위쪽 은패의 단면에는 쌍룡희구(雙龍戲球) 문양이 새겨져 있고, 가운데 부분에는 오각성(五角星) 문양이 있다. 아래 부분의 은패에는 쌍사희구(雙獅戲球) 문양과 쌍봉희화(雙鳳戲花) 문양이 새겨져 있다. 그리고 아래 부분에는 나비와 향령(響鈴) 술 장식이 달려 있다. 이것은 여평(黎平) 묘족 여성들이 가슴 앞에 다는 장신구이다.

속이 비어 있는 원기둥 형태이고, 원기둥 위에는 유정(乳釘) 문양이 장식되어 있다. 이것은 침통 (針筒)으로 쓰였을 뿐만 아니라, 장식용으로도 사용되었다. 주로 종강(從江) 묘족 · 동족(侗族) 지 역에서 유행하던 장신구이다.

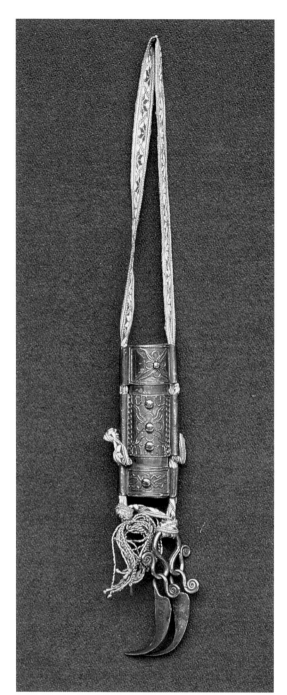

(부분)

동족(侗族) 장통형연합(長筒形煙盒) 조식(吊飾)
길이 7.2cm 무게 95g

3부분으로 나누어진 원기둥 형태의 담뱃갑[煙盒]으로, 이것은 띠로 연결되어 있다. 담뱃갑 위에는
잎이 4개인 꽃이 새겨져 있고, 꽃술 부분에는 유정(乳釘)이 장식되어 있다. 가장 아래 부분에는 나
선형 고리와 2개의 작고 굽은 칼이 달려 있다. 이것은 담뱃갑으로 쓰였을 뿐만 아니라, 장식용으
로도 사용되었다. 종강(從江) 동족 젊은 남성들이 허리 왼쪽에 달았던 장신구이다.

(부분)

(부분)

묘족(苗族) 작주연합(雀珠煙盒) 조식(吊飾)
길이 50cm 무게 58g

은작(銀雀), 은주(銀珠), 사각 도장함, 통 모양 담뱃갑[煙盒]을 한 줄에 꿰어 만든 것이다. 원형 구슬에는 꽃과 물고기 등의 문양이 장식되어 있고, 담뱃갑에는 쌍작(雙雀), 나비, 물고기 등의 문양이 새겨져 있다. 독특한 형태의 이 장신구는 단채(丹寨) 아회(雅灰) 일대 묘족 남성들이 허리에 달아서 사용하던 것이다.

동족(侗族) 매화유정(梅花乳釘) 은수탁(銀手鐲)
직경 6cm

2개가 한 쌍으로 되어 있고, 팔찌를 끼우는 부분은 벌어져 있다. 팔찌의 면에는 5송이의 매화꽃 문양이 새겨져 있고, 꽃술 부분에는 유정(乳釘)이 장식되어 있다. 이것은 여평(黎平) 일대 동족 여성들의 손목 장식으로 사용되었다.

동족(侗族) 쌍룡희주문관변(雙龍戲珠紋寬邊) 은수탁(銀手鐲)
직경 7.4cm 무게 127.1g

한 짝으로 된 이 팔찌는 가운데 부분이 넓고, 가장자리로 갈수록 폭이 좁아진
다. 팔찌가 맞물리는 부분에는 은조(銀條)를 5개의 고리로 감아 꿰어 놓았다.
팔찌의 테두리는 돌출된 형태로 되어 있고, 팔찌의 면에는 쌍룡희주와 상운
(祥雲) 문양 등이 새겨져 있다. 용운화주(龍雲火珠)를 새긴 기법이 매우 정교
한 이 팔찌는 용강(榕江) 동족 지역에서 유행하던 장신구이다.

동족(侗族) 누공국화문관변(鏤空菊花紋寬邊) 은수탁(銀手鐲)
직경 6.5cm 너비 3.5cm 무게 62.5g

한 짝으로 된 이 팔찌는 끼우는 부분이 벌어진 형태로 되어 있다. 팔찌의 양
쪽 끝 부분에는 국화꽃이 있고, 팔찌의 면에는 4줄로 투각된 문양이 있다. 중
간의 2줄에는 4조각의 꽃잎 문양이 있고, 위와 아래에는 그물 형태의 문양이
장식되어 있다. 정교하게 만들어진 이 팔찌는 용강(榕江) 묘족(苗族) · 동족
지역의 여성들이 즐겨하던 장신구이다.

동족(侗族) 모란화문(牡丹花紋) 은수탁(銀手鐲)
직경 6.3cm 무게 188.7g

2개가 한 쌍인 팔찌 면의 중간 부분에 등심대가 있고, 모란꽃 문양이 새겨져 있다. 팔찌의 양쪽 끝 부분은 은조(銀條)를 휘감아 장식하였다. 이것은 여평(黎平) 일대 묘족(苗族)·동족 지역 여성들이 사용하던 팔찌이다.

동족(侗族) 죽절형(竹節形) 은수탁(銀手鐲)
직경 7.2cm 무게 53.4g

2개가 한 쌍인 이 팔찌는 속이 비어 있는 형태이다. 팔찌의 면이 죽절(竹節) 형태이고, 여평(黎平) 수구(水口) 일대 동족 여성들이 사용하였다.

수족(水族) 표대식누공타화(表帶式鏤空朵花) 은수탁(銀手鐲)
직경 6.7cm

한 쌍으로 된 이 팔찌는 7개의 직사각형 은패(銀牌)를 연결해 만든 밴드 형태의 장신구이다. 7개의 은패에는 각각 8개의 꽃잎이 있는 꽃이 투각되어 있고, 팔찌가 맞물리는 부분은 풀매듭 형태이다. 이 손목 장식은 도균(都勻)과 삼도(三都) 일대 수족 지역에서 유행하던 것이다.

묘족(苗族) 삼고교사(三股絞絲) 은수탁(銀手鐲)
직경 7cm 무게 81.6g

한 짝으로 된 이 팔찌는 끼우는 부분이 벌어져 있다. 팔찌의 양쪽 끝 부분은 넓고 평평하며, 단풍잎 문양이 새겨져 있다. 가운데 부분은 3가닥으로 된 은사(銀絲)를 꼬아서 장식하였다. 이것은 단채(丹寨) 팔채(八寨) 묘족 여성들의 팔찌로 사용되었다.

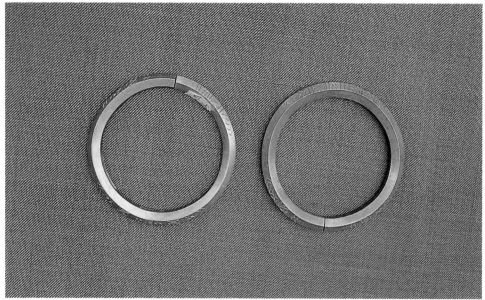

동족(侗族) 교사(絞絲) 수탁(手鐲)
직경 7.8cm

2개가 한 쌍인 이 팔찌는 은조(銀條)를 꼬아서 만든 것이다. 가운데 부분은 굵고, 양쪽 끝 부분은
가는 형태이며, 팔찌를 끼우는 부분은 벌어져 있다. 이것은 여평(黎平) 일대에 사는 동족의 젊은
여성들이 팔찌로 착용하던 것이다.

동족(侗族) 육릉형(六棱形) 은수탁(銀手鐲)
직경 7cm 무게 155.9g

2개가 한 쌍인 이 팔찌는 6개의 모서리가 있는 고리 형태로 생겼고, 끼우는 부분이 열린 모양이다.
구분된 팔찌의 면에는 풀잎 문양이 새겨져 있다. 이것은 여평(黎平)에 사는 동족의 젊은 여성들이
사용하던 팔찌이다.

묘족(苗族) 삼교첩화(三絞貼花) 은수탁(銀手鐲)
직경 7.4cm 무게 285g

한 쌍으로 되어 있고, 넓은 밴드 모양에 3줄의 꼬인 은사(銀絲)가 장식되어 있다. 팔찌의 면에는
삼각(三角) 문양이 새겨져 있고, 8개의 꽃잎과 붓꽃 장식이 붙어 있다. 이것은 단채(丹寨) 일대의
묘족 지역에서 유행하던 장신구이다.

묘족(苗族) 참모란문(塹牡丹紋) 은수탁(銀手鐲)
직경 6.4cm 무게 20g

한 짝으로 된 팔찌의 면에는 모란꽃 문양이 새겨져 있고, 양쪽 끝 부분은 크기를 조절할 수 있는
풀매듭 형태이다. 이것은 단채(丹寨) 배조(排調) 묘족 여성들이 사용하던 팔찌이다.

묘족(苗族) 공작미우문(孔雀尾羽紋) 은수탁(銀手鐲)
직경 8cm

한 쌍으로 된 이 팔찌는 가는 은사(銀絲)를 휘감아 공작 꼬리 부분의 깃털처럼 만들었다. 이것은
도균(都勻) 기장(基場) 일대에서 유행하던 장신구이다.

동족(侗族) 관변국화(寬邊菊花) 은수탁(銀手鐲)
직경 6.1cm 너비 2.9cm 무게 133.3g

한 쌍으로 된 이 팔찌는 끼우는 부분이 벌어진 형태이다. 팔찌의 면에는 7송이의 국화 문양이 장
식되어 있고, 꽃술 부분에는 유정(乳釘)이 용접되어 있으며, 팔찌의 양쪽 가장자리 부분은 돌출되
었다. 이것은 여평(黎平) 조흥(肇興) 일대의 동족 여성들이 사용하던 팔찌이다.

한 쌍으로 된 이 팔찌는 끼우는 부분이 벌어져 있고, 속이 빈 형태로 만들어졌다. 양쪽 끝 부분은
용의 모양이고, 팔찌의 면에는 소라 문양과 연주(連珠) 문양이 부조(浮雕)되어 있다. 이것은 용강
(榕江) 채호(寨蒿) 일대의 동족 여성들이 즐겨하던 팔찌이다.

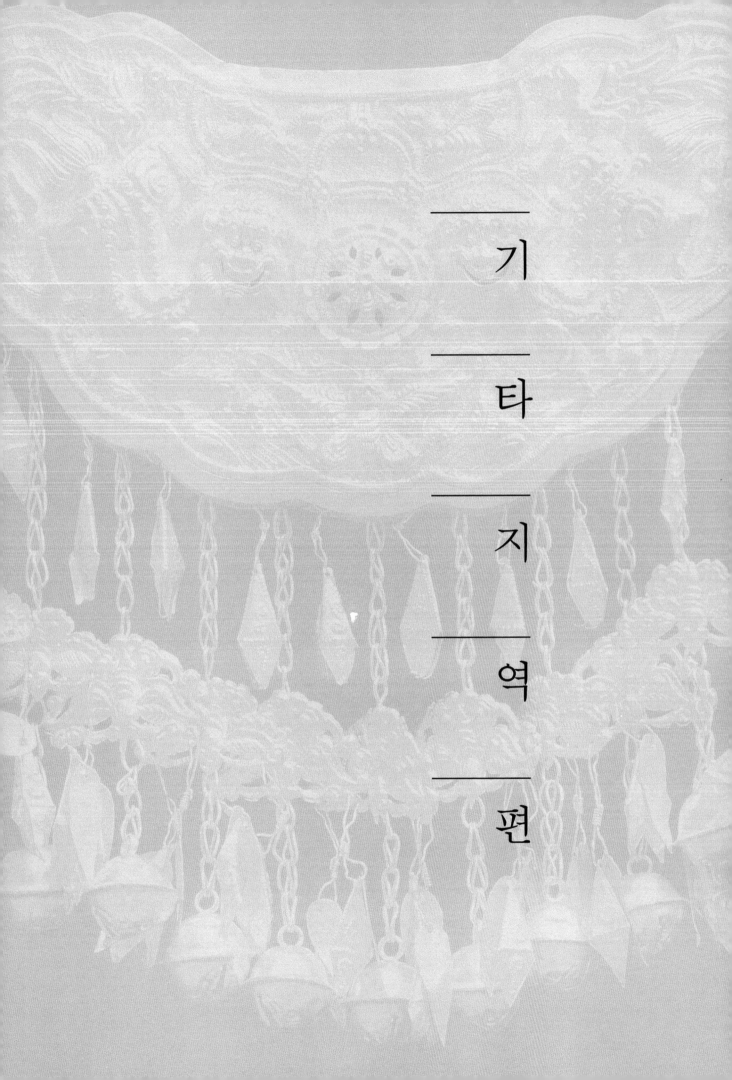

기

타

지

역

편

묘족(苗族) 원반호접조수(圓盤蝴蝶吊穗) 말액(抹額)
길이 44cm 원포(圓泡)직경 7.5cm

순은으로 제작된 이 장신구는 5개의 원반(圓盤)을 은련(銀鏈)으로 연결해 만들었다. 원반의 입구
부분은 압착해서 만든 최미충(催米蟲)과 연주(連珠) 문양이 장식되어 있고, 원반의 가운데 부분
에는 두 마리의 나비와 꽃봉오리 향령(響鈴)이 술 장식으로 달려 있다. 이것은 나전(羅甸)과 자운
(紫雲) 일대의 묘족 여성들이 앞이마에 달아서 장식하였다.

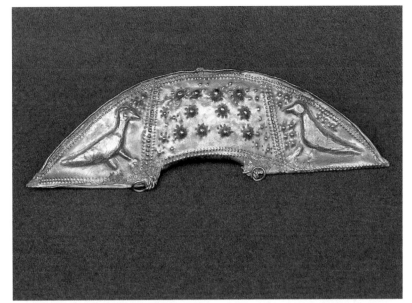

묘족(苗族) 은소각(銀梳殼)
길이 20cm

앞면에는 대칭으로 새겨진 새 문양과, 유정(乳釘) 문양이 있다.
이것은 나무 빗에 덧대어 장식하는 용도로 만들어졌으며, 화계
(花溪) 고파(高坡)에 사는 처녀들이 시집갈 때 머리에 달아서
장식하던 것이다.

묘족(苗族) 은표(銀瓢) 삽잠(揷簪)
길이 13cm 너비 8cm 무게 133.3g

표주박 모양으로 생긴 원기둥 형태의 잠(簪)은 5개가 한 세트
이다. 아무런 문양이 없고, 이것을 쪽에 꽂아 장식하였다. 이것
은 화계(花溪) 고파(高坡) 묘족 처녀들이 시집갈 때 사용하던
장신구이다.

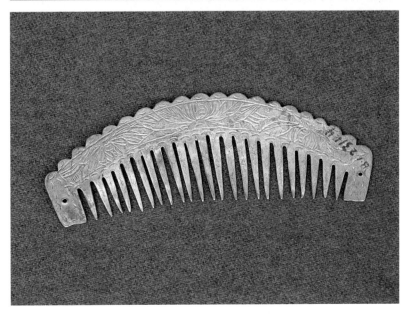

묘족(苗族) 은소(銀梳)
길이 11.7cm 너비 4.1cm 무게 20.5g

반달 형태로 생긴 빗의 빗 등 부분은 파도 모양이다. 빗의 면에
는 국화꽃과 덩굴풀 문양이 새겨져 있다. 빗의 양쪽 끝 부분에
는 구멍이 뚫려 있어 은련(銀鏈)으로 연결할 수 있다.

묘족(苗族) 향령(響鈴) 은라잠(銀螺簪)
길이 14cm 무게 191.8g

4개가 한 세트인 잠(簪)은 위쪽은 크고 아래쪽은 작은 소라[螺] 모양이다. 소라 상부에는 3개의
향령이 짧은 사슬로 연결되어 있고, 아래쪽에는 삽침(插針)이 있다. 이것은 용리(龍里) 중배(中排)
묘족 여성들이 성장할 때 쪽에 나란히 꽂던 은잠(銀簪)이다.

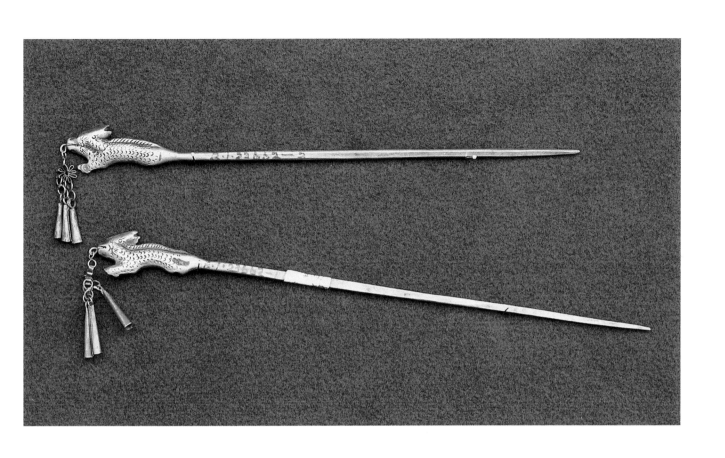

토형(兔形) 은발잠(銀髮簪)
길이 24.6cm 무게 95g

2개가 한 쌍으로 된 원기둥 형태의 삽잠(插簪)이다. 잠(簪)의 한쪽 끝은 달리는 토끼 모양이고,
토끼의 입 부분에는 속이 빈 나팔 장식 3개가 달려 있다. 2001년 개리(凱里) 지역에서 수집된 것
이다.

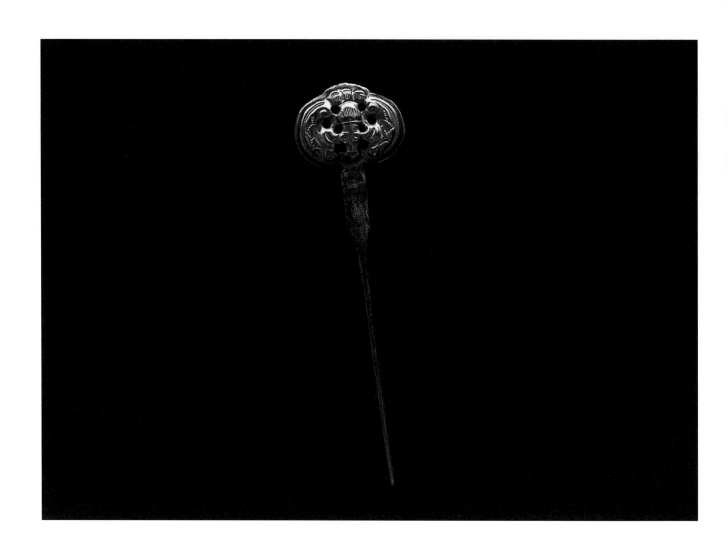

포의족(布依族) 공화편복(空花蝙蝠) 은삽잠(銀揷簪)
길이 7.8cm 무게 2.8g

편조형(扁條形) 삽잠으로, 끝 부분은 여의(如意) 모양으로 만들었다. 여의는 속이 빈 형태이고, 중
앙에는 박쥐 문양이 새겨져 있다. 이것은 검서남주(黔西南州) 망모(望謨) 일대 포의족 여성들의
머리 장식으로 사용되었다.

묘족(苗族) 대련(帶鏈) 은잠(銀簪)
잠(簪)길이 16.8cm 무게 52.5g

편조형(扁條形) 은잠으로 한쪽은 뾰족한 형태이고, 다른 쪽은 평평하게 만들었다. 잠의 중간 부분
에 작은 고리가 달려 있는데, 고리에는 2가닥으로 된 긴 사슬줄이 연결되어 있다. 이것은 안순(安
順) 흑석두(黑石頭) 상채(上寨) 묘족 여성들의 쪽에 둘러 장식하던 장신구이다.

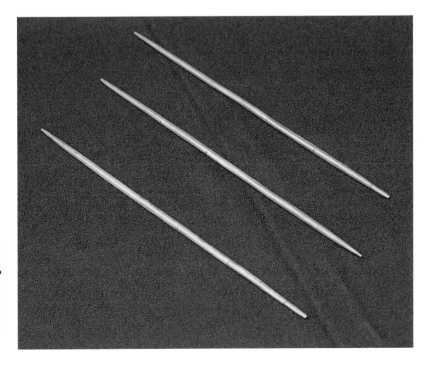

묘족(苗族) 은잠(銀簪)
길이 27cm 무게 147g

3개가 한 세트로 된 은잠은 양쪽 끝이 모두 뾰족하게 되어 있
고, 중간 부분은 굵게 만들었다. 아무런 문양이 없는 이 장신
구는 귀양(貴陽) 화계(花溪) 묘족 여성들이 쪽에 꽂아서 장식
하던 것이다.

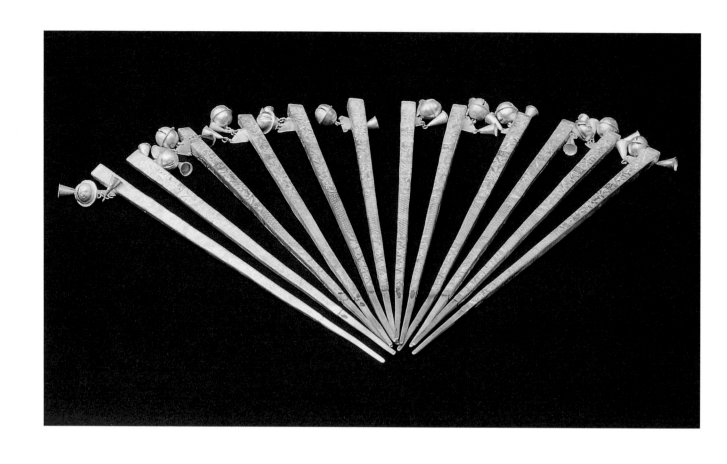

묘족(苗族) 향령(響鈴) 은발잠(銀髮簪)
길이 30cm 무게 370g

12개가 한 세트인 잠(簪)은 사각 기둥 형태의 젓가락처럼 생겼다. 전체에 화초와 물고기 비늘 문양
이 새겨져 있고, 꼭대기 부분에는 향령이 달려 있다. 이것은 귀양(貴陽) 화계(花溪) 묘족 사람들이
명절에 성장할 때 쪽에 꽂아 장식하였다.

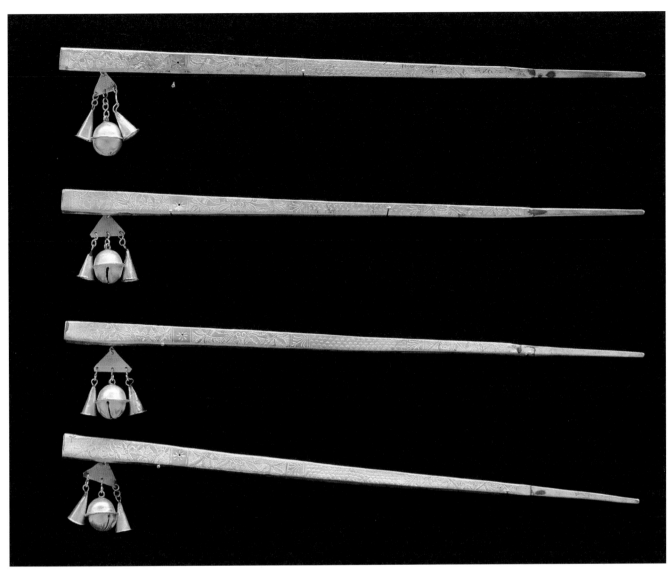

묘족(苗族) 등롱조수(燈籠吊穗) 은이환(銀耳環)
길이 7cm 무게 45g

등롱(燈籠)처럼 생긴 귀걸이로, 은사(銀絲)를 엮어 상, 중, 하로 구
분하여 만들었다. 위쪽은 연방(蓮房) 모양이고, 중간은 등롱 모양
으로 되어 있다. 아래쪽에는 술 장식이 달려 있고, 등롱의 중앙에
는 4송이의 매화꽃이 대칭으로 장식되어 있다. 이것은 귀양(貴陽)
화계(花溪) 일대의 묘족 여성들이 즐겨하던 귀걸이 장식이다.

묘족(苗族) 금과추(金瓜墜) 은련이환(銀鏈耳環)
길이 6.1cm 무게 24.2g

고리 형태의 귀걸이로, 아래쪽에는 9개의 은련(銀鏈)이 달려 있
다. 은련 중간에는 금과(金瓜) 하나가 달려 있고, 나머지 부분에는
작은 나뭇잎이 장식되어 있다. 이것은 송도(松桃) 일대의 묘족 여
성들이 착용하던 귀걸이이다.

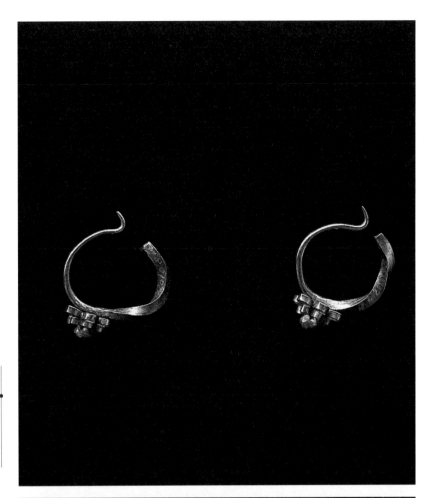

묘족(苗族) 매화(梅花) 은이환(銀耳環)
직경 3.3cm

사각형 은조(銀條)를 비틀어 고리 형태로 만들었고, 한쪽 끝은 뾰족한 침(針) 모양으로 되어 있다. 귀걸이를 끼우는 부분은 벌어진 형태이고, 고리의 중앙에는 매화꽃 문양이 장식되어 있다. 이것은 동인(銅仁) 일대의 묘족 여성들이 착용하던 귀걸이이다.

묘족(苗族) 매화(梅花) 은이환(銀耳環)
길이 4.5cm 무게 18g

은조(銀條)를 구부려 고리처럼 만들었고, 고리 끝에 매화꽃 문양을 용접해서 붙였다. 아래에는 6개의 침(針) 모양 은조를 달았다. 이것은 송도(松桃) 묘족 여성들이 착용하던 귀걸이이다.

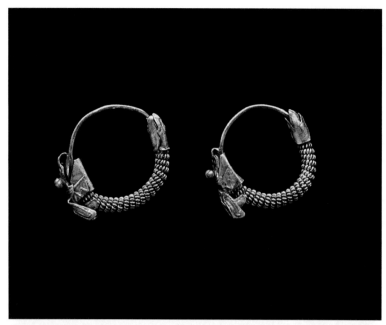

묘족(苗族) 용형(龍形) 은이환(銀耳環)
직경 3.3cm 무게 9g

귀걸이의 반쪽은 은사(銀絲)를 이용해 만든 용 모양이고, 나머지 반쪽은 은조(銀條)로 고리를 만들었다. 독특한 형태의 이 귀걸이는 송도(松桃) 묘족 여성들이 사용하던 것이다.

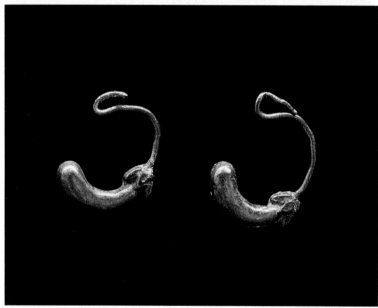

묘족(苗族) 가자형(茄子形) 은이환(銀耳環)
길이 4cm 무게 3g

고리 형태의 귀걸이로, 아래쪽에는 속이 빈 가지[茄子] 장식이 달려 있다. 이것은 송도(松桃) 묘족 여성들이 사용하던 것이다.

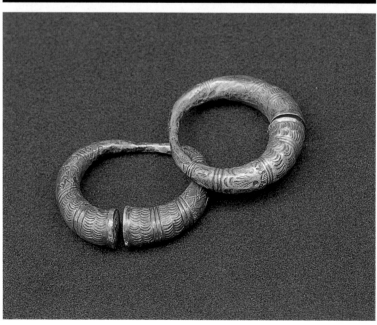

묘족(苗族) 쌍우각형참화(雙牛角形鏨花) 은이환(銀耳環)
직경 5.5cm 무게 23.9g

소뿔 형태로 생긴 귀걸이로 속은 비어 있고, 끝 부분은 굵고 벌어진 형태로 되어 있다. 귀걸이 전체에는 월아문(月牙紋), 선우문(扇羽紋), 삼각형, 원권문(圓圈紋) 등이 새겨져 있다. 이것은 관령(關嶺) 일대 묘족 여성들이 착용하던 귀걸이이다.

이족(彝族) 이환(耳環)
길이 8.7cm 무게 21.1g

귀걸이의 고리 부분은 한쪽 끝은 넓고 점점 좁아지는 형태이다. 이 고리에 나비판을 용접해 붙였고, 아래에는 나비와 뾰족한 나뭇잎을 달아서 장식했다. 이것은 혁장(赫章) 마고(媽姑) 일대 이족 여성들이 사용하던 귀걸이이다.

묘족(苗族) 석류과미추(石榴瓜米墜) 은이환(銀耳環)
길이 5cm 무게 11g

고리 형태의 귀걸이 아래 석류와 과미(瓜米)가 은련(銀鏈)으로 연결되어 드리워져 있다. 이것은 검남(黔南) 묘족 여성들의 귀걸이로 사용되었다.

이족(彝族) 엽추(葉墜) 은이환(銀耳環)
직경 4.3cm 무게 28.6g

고리 형태의 귀걸이로, 한쪽 끝에 갈고리가 달려 있다. 갈고리에는 나뭇잎이 달려 있고, 다른 쪽 끝은 나사의 머리 형태이다. 귀걸이의 양쪽 끝은 은사(銀絲)를 꼬아 만든 '8'자 모양의 고리를 걸어 연결하였다. 이것은 혁장(赫章) 마고(媽姑) 일대의 이족 여성들이 사용하던 귀걸이이다.

묘족(苗族) 능형(菱形) 은이환(銀耳環)(2점)
길이 7.4~8.2cm 무게 11.2~15.6g

능형 귀걸이는 안순(安順) 지역의 묘족과 포의족(布依族) 여성들
이 사용하던 장신구이다.

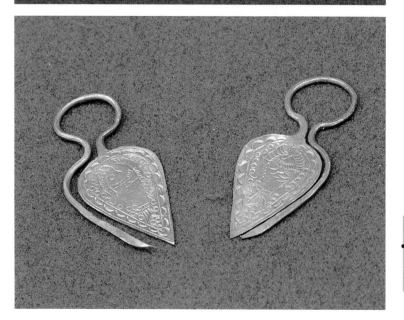

묘족(苗族) 엽형(葉形) 이환(耳環)
길이 6.4cm

원형 고리가 나뭇잎의 뾰족한 곳까지 뻗어 있고, 나뭇잎 단면에는
물고기, 수초, 연고(連孤) 문양이 새겨져 있다. 이것은 관령(關嶺)
사운(沙雲) 묘족 여성들의 귀걸이 장식이다.

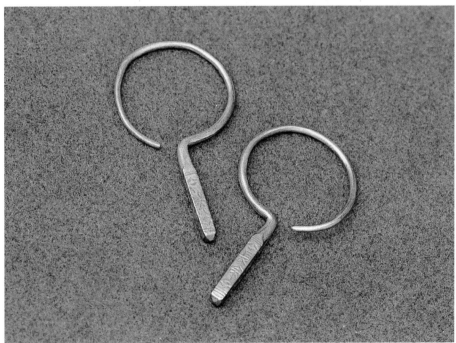

묘족(苗族) 접화전문추수(蝶花錢紋墜穗) 은이환(銀耳環)
길이 12.5cm 무게 13g

넓은 고리가 좁아지는 형태로 만들었고, 아래에는 붓꽃[蝴蝶花], 뾰족한 나뭇잎, 동전[錢] 문양 술 장식이 달려 있다. 이것은 귀정(貴定) 신장(新場) 묘족 여성들의 귀걸이 장식이다.

묘족(苗族) "장명백세(長命百歲)" 은이환(銀耳環)
길이 5.7cm 무게 10.3g

두께가 굵다가 점점 가늘어지는 고리 형태의 귀걸이로 고리의 끝은 사각 기둥 모양이고, 그 위에 는 '장명백세' 4글자가 새겨져 있다. 이것은 안순(安順)의 묘족 여성들이 착용하던 귀걸이이다.

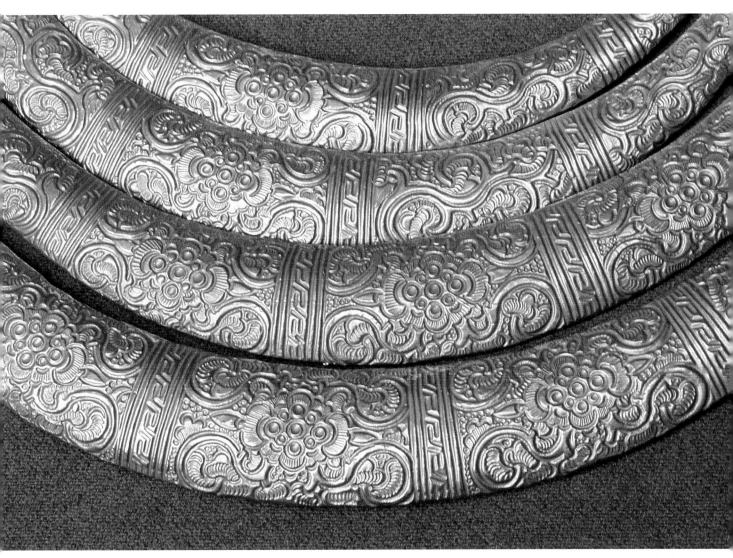

묘족(苗族) 참룡어문(鏨龍魚紋) 은배권(銀排圈)
무게 2690g

7개가 한 세트로 안쪽에 있는 고리가 가장 작고 바깥쪽으로 갈수록 고리가 커진다. 목 부분의 고리는 무늬가 없는 원기둥 형태이고, 가슴 앞부분의 고리는 넓고 평평하다. 고리의 면에는 권초(圈草) 문양이 새겨져 있고, 안쪽에 있는 2개의 고리에는 쌍룡(雙龍)과 쌍어(雙魚) 문양이 새겨져 있다. 이것은 관령(關嶺), 진녕(鎭寧), 청진(淸鎭), 정풍(貞豐) 일대의 묘족 여성들이 명절에 성장할 때나 시집갈 때 가슴 앞에 달던 장신구이다.

묘족(苗族) 호접패(蝴蝶牌) 은괘련(銀挂鏈)
길이 65cm 무게 90.8g

호접패 위에 2줄의 은련(銀鏈)이 연결되어 있고, 아래에
는 석류와 나팔 모양의 향령(響鈴)이 달려 있다. 이것은
송도(松桃) 묘족 여성들이 가슴 앞에 걸어서 장식하던 장
신구이다.

묘족(苗族) "쌍복봉수(雙福捧壽)" 위요은조식(圍腰銀吊飾)
길이 19cm 무게 13.2g

투각된 은패(銀牌)의 중앙에는 '수(壽)'자가 있고, 양쪽으로는 박쥐 문양이 있는데, 이것은 '쌍복봉수'의 의미를 담고 있다. 은패 아래에는 나팔과 향령(響鈴) 장식이 달려 있다. 이것은 묘족 여성들이 위요(圍腰) 위에 달았던 장식으로, 2001년에 귀양(貴陽) 청암(靑岩)에서 수집된 것이다.

묘족(苗族) 화람형(花籃形) 위요은조패(圍腰銀吊牌)
길이 12.5cm 무게 36g

꽃바구니[花籃] 형태의 조패(吊牌)로 꽃송이 문양과 '사회주의호(社會主義好)'라는 5글자가 투각되어 있고, 아래에는 7개의 대련향령(帶鏈響鈴)이 달려 있다. 시대적 특징을 명확하게 드러낸 이 조패는 묘족 여성들이 위요(圍腰) 위에 달아 장식하던 장신구이며, 2001년에 귀양(貴陽) 청암(靑岩)에서 수집된 것이다.

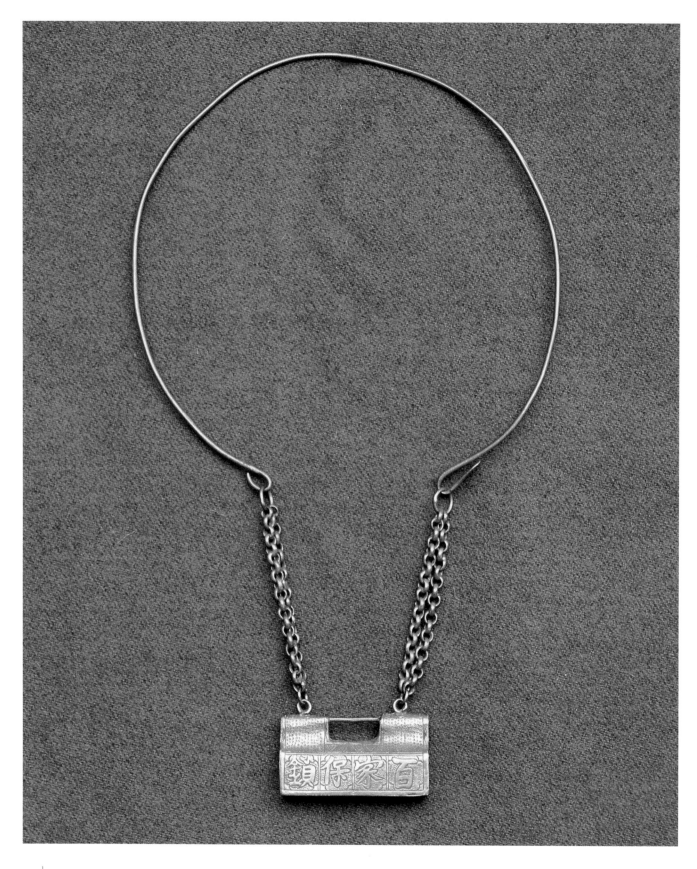

묘족(苗族) "백가보쇄(百家保鎖)" 대련항권(帶鏈項圈)
길이 23cm 무게 48.3g

은조(銀條)를 구부려 목걸이처럼 만든 것으로, 맞물리는 부분에 자물쇠를 2가닥의 은련(銀鏈)으로 연결해서 달았다. 자물쇠의
한쪽 면에는 '백가보쇄'라는 글자가, 다른 쪽 면에는 '장명부귀(長命富貴)'라는 글자가 새겨져 있고, 아주 작은 동그라미 무늬도
있다. 이것은 안순(安順) 흑석두(黑石頭) 상채(上寨)에 사는 아이들의 목 장식으로 사용되었다.

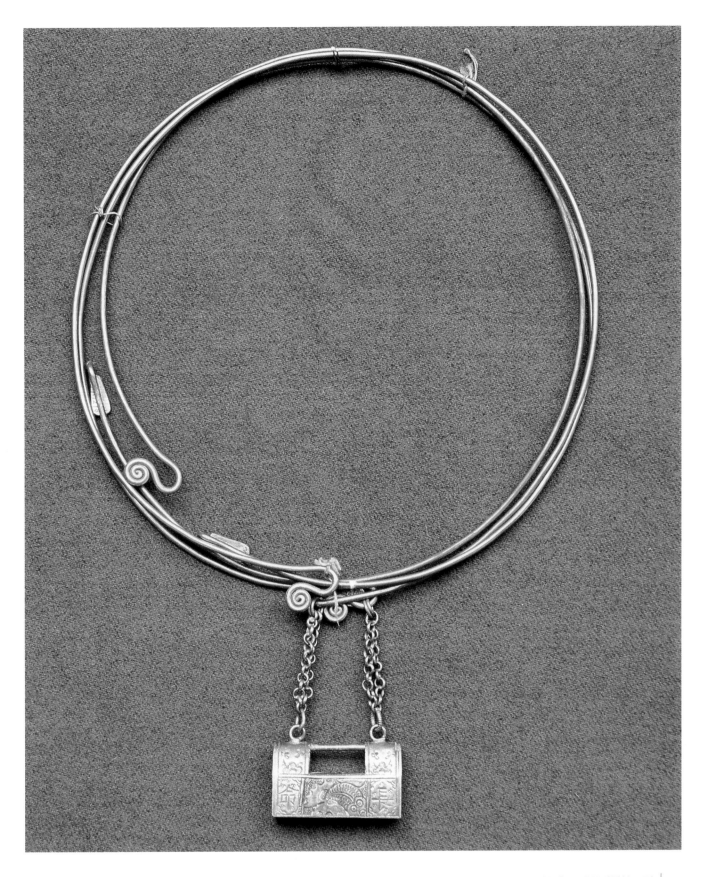

4개가 한 세트로 3개는 은조(銀條)로 만들어진 목걸이이고, 나머지 1개는 대련(帶鏈)으로 연결된 은 자물쇠[銀鎖]이다. 자물쇠의 면에는 쌍어(雙魚) 문양과 '장명(長命)' 2글자가 새겨져 있다. 풀매듭으로 만들어진 이 목걸이는 보정(普定) 평교(平橋) 묘족 처녀들의 목 장식으로 사용되었다.

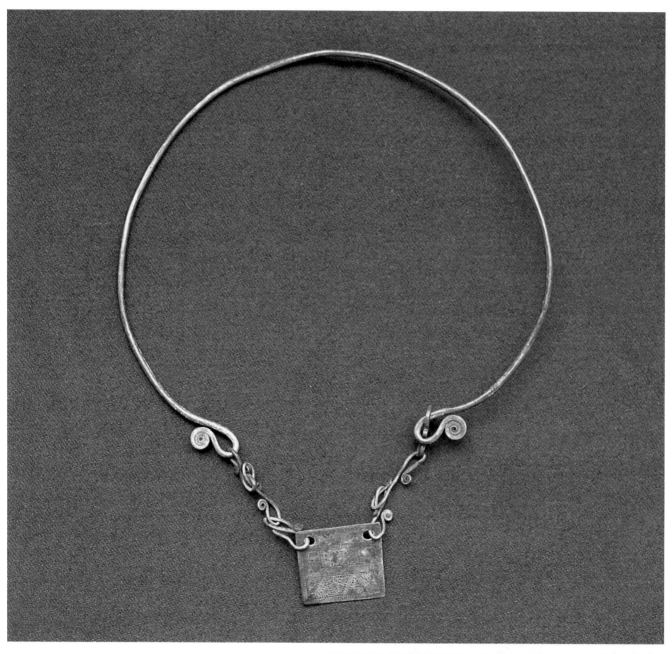

묘족(苗族) 동항권(銅項圈)
직경 18cm 무게 100g

동사(銅絲)를 구부려 목걸이처럼 만든 것으로, 맞물리는 부분에는 기하
(幾何) 문양이 있는 동방패(銅方牌)를 짧은 사슬로 연결해 놓았다. 이
것은 대방(大方) 안화(安化) 묘족 여성들이 은(銀) 대신에 동(銅)으로
장신구를 만들어 사용한 것이다.

(부분)

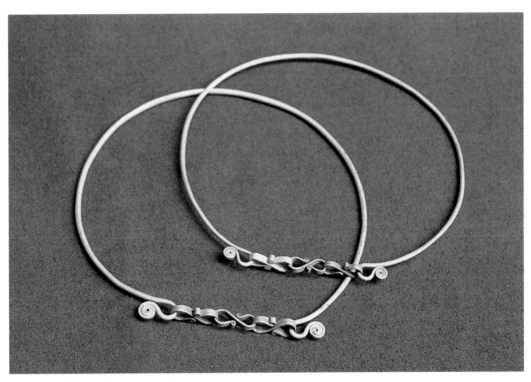

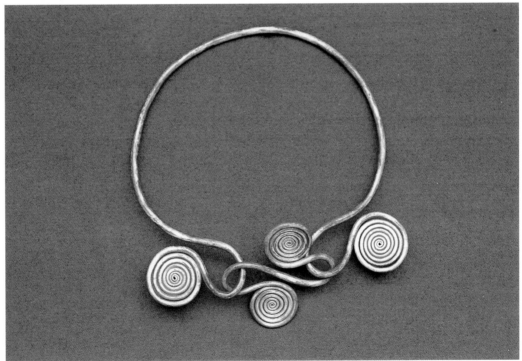

묘족(苗族) 은항권(銀項圈)
직경 20cm 무게 40.5g

은사(銀絲)를 꼬아 목걸이처럼 만든 것으로, 맞물리는 부분에는 '8'자 모양의 고리를 서로 엮어서
연결해 놓았다. 이것은 대방(大方) 안화(安化) 묘족 여성들의 목 장식으로 사용되었다.

묘족(苗族) 나선문(螺旋紋) 은항권(銀項圈)
직경 19.5cm 무게 300g

은사(銀絲)를 꼬아 목걸이처럼 만든 것으로, 맞물리는 부분에는 4개의 나선 문양을 서로 엮어서
연결해 놓았다. 이것은 육지(六枝) 낭대(郎岱) 묘족 여성들의 목 장식으로 사용되었다.

묘족(苗族) 육릉(六棱) 은항권(銀項圈)
직경 15cm 무게 300g

은조(銀條)를 육각 모서리 형태로 주조한 것으로, 목걸이 입구 부분이 매우 넓다. 양쪽 끝 부분
은 가는 은조를 꼬아서 서로 연결해 놓았다. 이것은 검남(黔南) 묘족 여성들의 목 장식으로 사용
되었다.

회족(回族) 화접패(花蝶牌) 은삽잠(銀揷簪)
길이 9.8cm 무게 11.1g

은조(銀條)를 구부려 만든 것으로, 위쪽에는 직사각형 화패(花牌)가 있다. 이 화패에는 몇 송이의 붓꽃과 5개의 꽃술이 새겨져 있고, 아래쪽에는 편조형 (扁條形) 삽잠(揷簪)이 달려 있다. 이것은 위녕(威寧) 회족 여성들의 머리 장식으로 사용되었다.

포의족(布依族) 화타(花朶) 은발잠(銀髮簪)
길이 6.6cm 무게 8g

원기둥 형태의 삽잠(揷簪) 위에 국화꽃 장식을 용접해 붙인 것으로, 한족(漢族)의 예술양식과 비슷하다. 이것은 진녕(鎭寧) 당보방(塘堡方) 당보채(塘堡寨)에서 수집된 것이다.

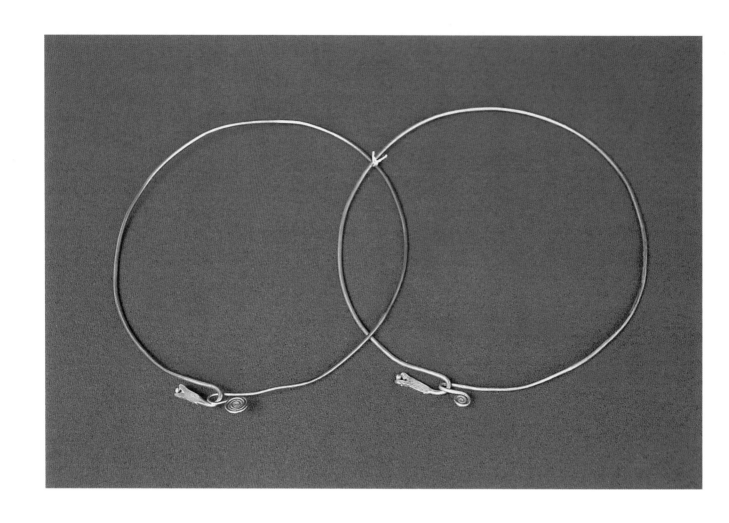

포의족(布依族) 은항권(銀項圈)
직경 20cm 무게 77.5g

2개가 한 쌍으로 은사(銀絲)를 꼬아 목걸이 형태로 만들었다. 맞물리는 부분의 한쪽 끝은 구슬을 물고 있는 용의 모습과 '장명(長命)' 2글자가 새겨져 있고, 다른 쪽 끝은 나선(螺旋) 형태로 만들어 놓았다. 구부러진 양쪽 끝 부분을 서로 걸어 놓으면 풀매듭처럼 보인다. 이것은 안순(安順) 포의족 사람들이 성장할 때 목에 걸어 장식하던 것이다.

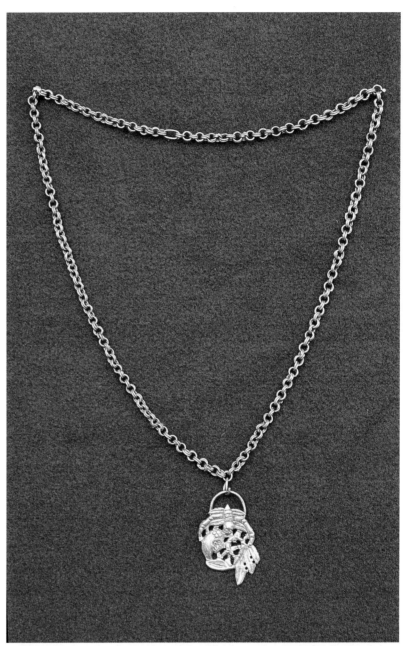

묘족(苗族) 전루밀봉초엽(鐫鏤蜜蜂蕉葉) 항련(項鏈)
길이 37.5cm 무게 35g

2가닥의 원형 고리를 엮어 목걸이처럼 만든 것으로, 그 아래에는 꿀벌과 파초 잎 문양이 장식된 은패(銀牌)가 달려 있다. 이것은 송도(松桃) 묘족 여성들의 장신구로 사용되었다.

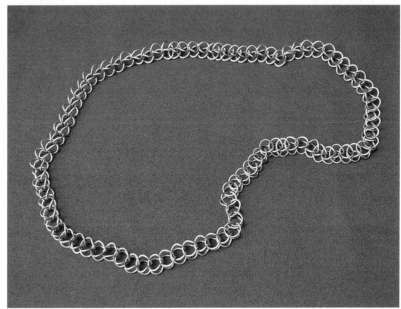

묘족(苗族) 사방릉(四方棱) 은항련(銀項鏈)
길이 50cm 무게 226g

은사(銀絲)로 만든 사각 모서리 형태를 서로 엮어 목걸이처럼 만든 것이다. 고리의 테두리가 바깥쪽으로 돌출된 형태여서 모서리의 등심대를 이룬다. 이것은 안순(安順) 왕가산(汪家山)에 사는 묘족 여성들이 성장할 때 가슴 앞에 달던 장신구이다.

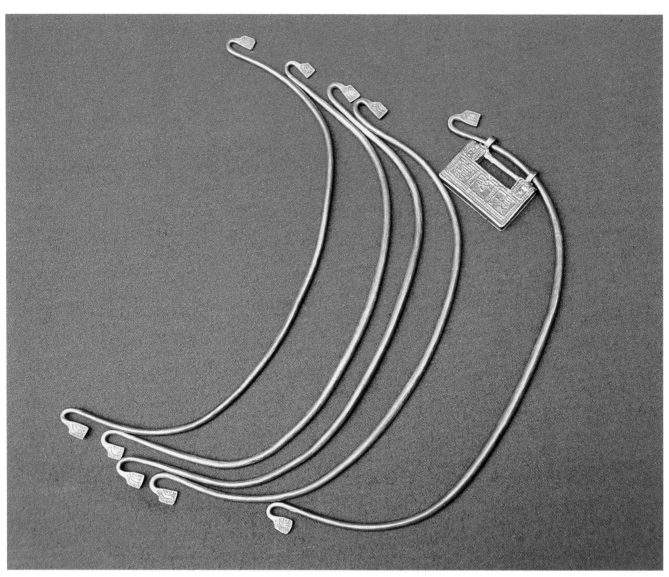

묘족(苗族) 개구(開口) 은항권(銀項圈)
너비 29cm 무게 1579g

13개가 한 세트로 은조(銀條)를 반원형으로 구부려 만든 것이다. 앞면에는 은
으로 된 자물쇠가 달렸는데, 자물쇠의 한쪽 면에는 '장명부(長命富)'라는 글자
가, 다른 쪽 면에는 '복록수(福祿壽)'라는 글자가 새겨져 있다. 이것은 천에 달
아 가슴 앞에 걸어서 장식하는 것으로, 귀양(貴陽) 화계(花溪) 고파(高坡) 일대
의 묘족 여성들이 명절에 성장할 때 사용하던 것이다.

(부분)

묘족(苗族) 쌍어희구(雙魚戲球) 은쇄(銀鎖)
길이 52cm 무게 209g

은으로 된 자물쇠의 속은 비어 있고, 양쪽 면에 모두
'쌍어희구'와 변형된 동물 문양이 새겨져 있다. 위에는
2가닥의 은련(銀鏈)이 연결되어 있고, 아래에는 향령
(響鈴)이 달려 있다. 이것은 귀양(貴陽) 화계(花溪) 묘
족 여성들이 가슴 앞에 달던 장신구이다.

묘족(苗族) 복수문(蝠壽紋) 위요은조식(圍腰銀吊飾)
길이 17cm 무게 26g

반원형의 은패(銀牌)에 박쥐[蝙蝠]와 '수(壽)'자 문양이 투각되어 있다. 은패의 위쪽에는 과접형
(瓜蝶形) 걸이가 달려 있고, 아래쪽에는 반장문(盤腸紋), 석류, 나팔 모양의 술 장식이 달려 있다.
이것은 송도(松桃) 묘족 여성들이 위요(圍腰) 위에 달던 장신구이다.

묘족(苗族) 백가쇄(百家鎖)
너비 4.7cm 무게 22.7g

은(銀)으로 만든 속이 빈 자물쇠로, 양쪽 면에는 각각 '백가보쇄(百家保鎖)'와 '장명부귀(長命富貴)'라는 글자가 새겨져 있고, 위쪽에는 태양과 구름 문양이 있다. 이것은 안순(安順) 묘족 아이들이 가슴 앞에 달던 장신구이다.

묘족(苗族) 쌍사쌍룡문(雙獅雙龍紋) 은쇄(銀鎖)
너비 10cm 무게 141g

속이 비어 있는 2개의 은 자물쇠로, 양쪽 면에는 쌍룡희주(雙龍戲珠)와 쌍사희구(雙獅戲球) 문양이 각각 부조(浮雕)되어 있고, 아래쪽에는 3개의 은령(銀鈴)이 달려 있다. 이것은 귀양(貴陽) 화계(花溪) 묘족 미혼 여성들이 성장할 때 가슴에 달던 장신구이다.

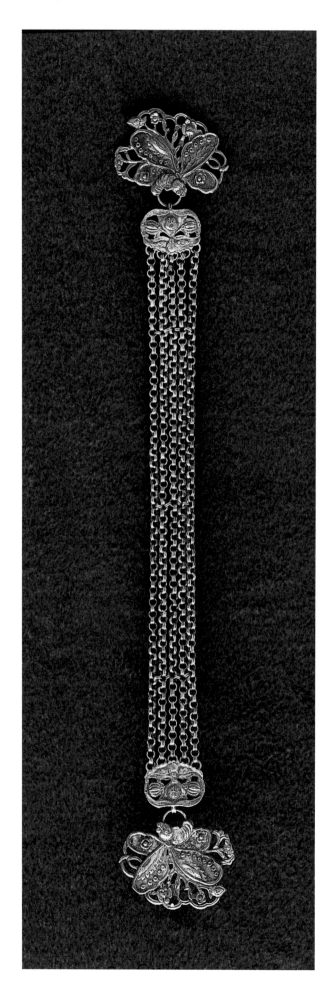

묘족(苗族) 호접패(蝴蝶牌) 위요련(圍腰鏈)
길이 46.5cm

투각되어 있는 나비 형태의 걸이 2개가 5가닥의 고리 사슬로 연결되어 있다. 이것은 송
도(松桃) 일대 묘족 여성들이 위요(圍腰) 위에 달던 장신구이다.

묘족(苗族) 참희대문(鏨戲臺紋) 절지연화문(折枝蓮花紋) 은수탁(銀手鐲)
직경 6.6cm 무게 66.5g

한 쌍으로 구성된 넓고 평평한 밴드 형태의 팔찌로, 끼우는 부분은 벌어져 있다. 팔찌의 양쪽 끝
부분에는 연극 등장인물 문양이 새겨져 있고, 중앙에는 절지연화 문양이 장식되어 있으며, 위아래
로 연속적인 문양이 새겨져 있다. 이것은 한족(漢族) 문화양식의 영향을 받은 것으로, 동인(銅仁)
지역에서 수집되었다.

묘족(苗族) 참동물문(鏨動物紋) 은수탁(銀手鐲)
직경 6cm 무게 39.2g

한 짝으로 된 팔찌는 끼우는 부분이 벌어진 형태이다. 팔찌의 면에는 마름모 문양 안에 양, 물고
기, 닭, 화초 문양이 새겨져 있다. 이것은 한족(漢族) 문화양식의 영향을 받은 것으로, 옥병(玉屛)
일대에서 유행하였다.

포의족(布依族) 공심(空心) 은수탁(銀手鐲)
직경 6.5cm 무게 43.7g

한 쌍으로 된 팔찌의 속은 비어 있고, 안쪽 면은 평평하고 바깥쪽
면은 돌출된 형태이다. 팔찌의 면에는 물고기, 새우, 벌레, 꽃송이,
해수(海水) 문양이 장식되어 있다. 이것은 망모(望謨) 포의족 여성
들의 팔목 장식으로 사용되었다.

묘족(苗族) 요사소미문(繞絲小米紋) 은수탁(銀手鐲)
직경 8.5cm 무게 175.2g

묘족(苗族) 참화쌍고(鏨花雙箍) 은수탁(銀手鐲)
직경 7.4cm 무게 88.1g

한 쌍으로 된 팔찌의 안쪽 면은 평평하고, 바깥쪽 면은 돌출된 형
태이다. 팔찌의 면에는 꽃 몇 송이와 기하(幾何) 문양이 2줄로 장
식되어 있다. 이것은 송도(松桃) 묘족 여성들의 팔목 장식으로 사
용되었다.

묘족(苗族) 교사개구(絞絲開口) 은수탁(銀手鐲)
무게 350g

8개가 한 세트이고, 팔찌를 끼우는 부분이 벌어진 형태이다. 팔찌의 중간 부분은 꼬
아서 만들었고, 넓고 평평한 양쪽 끝 부분에는 태양 문양이 새겨져 있다. 이것은 귀
양(貴陽) 화계(花溪) 묘족 여성들이 명절에 성장할 때 착용하던 장신구이다.

묘족(苗族) 참팔보문(鏨八寶紋) 은수탁(銀手鐲)
직경 6.6cm 무게 24.4g

한 짝으로 된 팔찌의 면에는 팔보문이 새겨져 있고, 테두리에는 연주문(連珠紋)이
장식되어 있다. 이것은 용리(龍里) 중배(中排) 묘족 여성들의 팔목 장식으로 사용되
었다.

묘족(苗族) 참룡문뉴사(鏨龍紋扭絲) 은수탁(銀手鐲)
직경 8cm 무게 250g

한 쌍으로 된 팔찌의 중간 부분은 꼬인 형태이고, 넓고 평평한 양쪽 끝 부분에는 용 문양이 새겨져 있다. 팔찌를 끼우는 부분이 벌어졌으며, 송도(松桃) 일대 묘족 여성들이 사용하던 것이다.

묘족(苗族) 오사(五絲) 은수탁(銀手鐲)
직경 8cm 무게 172g

한 쌍으로 된 팔찌는 5가닥의 은사(銀絲)를 꼬아 만든 것으로, 팔찌를 끼우는 부분이 벌어진 형태이다. 이것은 송도(松桃) 일대 묘족 여성들의 팔찌로 사용되었다.

묘족(苗族) 쌍룡문(雙龍紋) 은수탁(銀手鐲)
직경 8cm 무게 53g

한 쌍으로 된 팔찌의 중간 부분은 굵고 양쪽 끝 부분은 가는 형태이다. 팔찌의 속은 비어 있고, 팔찌의 면에는 쌍룡 문양이 새겨져 있으며, 팔찌 전체에는 깃털 문양이 장식되어 있다. 이것은 관령(關岭) 일대 묘족 여성들의 팔목 장식으로 사용되었다.

후기

『중국귀주민족민간미술전집(中國貴州民族民間美術全集)』은 제목을 선정할 때부터 귀주 신문출판국과 각계각층 인사들의 지지를 받았다. 비록 오래되지는 않았지만, 아직까지 출판이 중단된 적은 없다. 근래 사회 전체에 대두된 무형 문화유산을 중시하는 경향을 결코 경시해서는 안 된다. 6, 7년 동안 수많은 자료를 수집하고 정리하면서 어려움이 많았지만, 고군분투한 덕분에 지금 이렇게 독자들에게 이 책을 선보일 수 있게 되었다.

2006년 3월, 중앙인민정부는 웹사이트를 통해 제1차 국가 무형 문화유산 목록을 발표하였으며 그중 31개의 항목을 귀주의 문화유산이 차지하였다. 이 책에서는 그중 조형예술의 일부분을 반영하여 소개하였다. 이 책을 편집할 때를 회상해 보면, 당시에는 마치 귀주민족의 민간미술 세계를 한가로이 거니는 기분이 들 정도였다. 장정(張汀) 선생은 "이런 섬세한 아름다움은 어떠한 미의 척도를 갖다 대어도 트집을 잡을 수 없을 정도이다"라고 감탄하며 말했다. 하지만 우리는 귀주민족 민간미술에 대해 우려하는 마음이 생기게 되었다. 오늘날에는 개혁개방과 주류문화가 충돌하고 시장경제가 빠른 추세로 발전하고 있다. 이런 상황하에서 수많은 민간예술품이 국내외 수집가들과 기관에 의해 고가로 매입되고 있다. 심지어 외진 지역으로 간다고 해도 예술적 가치가 있는 우수한 공예품을 구하기가 어려울 정도이다. 민간공예 장인들은 점점 나이가 들어가고, 농촌의 젊은이들도 생활방식이 변해서 전통공예 기술이나 도식(圖式)의 계승이 사라져 가고 있다. 현재 민간공예품 시장은 이윤을 남기기에 급급해서, 조잡하고 상상력이라고는 조금도 없는 모조품을 만들어낼 뿐이다. 현재 민간공예품을 전문적으로 수집하고 연구하는 부서는 소장품을 확충하고 완벽하게 갖출 만한 자금이 부족하다. 소장된 공예품들도 내실 깊숙한 곳에 감춰두고 전시하지 않아서, 대중들은 이것을 감상하고 연구할 방법이 없다. 민간공예품을 연구하는 연구원들조차도 나이가 들면서, 이것을 계승할 사람이 점차 사라져 가고 있다. 현재 민간예술을 즐기는 일부 젊은이들은 소량의 작품만을 감상할 수 있을 뿐, 곳곳에 분산된 수많은 작품을 볼 수 없어 민간공예품의 예술성에 대해 깊이 연구할 수가 없다.

우리는 『중국귀주민족민간미술전집』을 혼신의 힘을 다해 편집하면서, 이 전집이 반드시 완성되기를 바랐다.

이 도록(圖錄) 속에 가능한 한 많은 작품을 신고자 노력했다. 또한, 지역성과 민족적 특색을 명확하게 잘 반영하였고, 작품의 원형과 순수 민간의 예술적 특징을 잘 나타내고 있다. 이 책에는 전통적이고 고전적인 공예기법을 더 많이 기록하였고, 예술적 가치가 있는 자료를 더 많이 보여주고 있다. 다만, 도록에 실을 수 있는 내용에 한계가 있어서 그것이 아쉬울 뿐이다. 하지만 우리는 이 도록을 통해 귀주민족 민간미술을 가장 완벽하게 구현해 내었다.

『중국귀주민족민간미술전집』의 성공적인 출판은 수년간 다방면을 통해 얻은 노력의 결실이라 할 수 있다. 이 지면을 통해 귀주성 미술협회, 귀주성 예술관, 귀주성 박물관과 개인 수집가분들의 도움에 감사의 뜻을 표하고자 한다. 또한, 중국 공예미술의 대선배이신 장정(張仃) 선생과 청화(淸華)대학 미술대학원 추문(鄒文) 박사에게도 감사의 마음을 전하고 싶다. 이뿐만 아니라, 귀주성과 관련된 인사이신 양장괴(楊長槐), 마정영(馬正榮), 증헌양(曾憲陽), 유옹(劉雍), 진화(陳華), 황정철(黃正鐵), 당근산(唐根山), 이검빈(李黔賓), 이국경(李國慶), 오일방(鳴一芳), 이앙(李昻), 이옥휘(李玉輝), 증상훤(曾祥萱) 등 여러분들의 도움에도 깊이 감사를 드린다.

귀주성 신문출판국과 귀주출판그룹의 대표와 각 부서는 시종일관 이 책의 출판을 위해 정신적, 금전적으로 도움을 주었다. 이 책을 출판하면서 독자들과 함께 감사의 마음을 이곳에서 표한다.

옮긴이 **임화영**(林花英)

중국어 번역 전문 프리랜서로 중국 북경제2외대 중문학과 학위과정과 천진(天津)사범대 중국어 지도사과정을 수료하였다. 중국어 강사를 양성하기 위한 교육 전문가로 활동하였고, 이외에도 중국어 학원과 다수의 기업체에서 중국어 강의를 한 경력이 있다. 현재는 중국어 학습에 관련된 교재 기획과 집필에 매진하고 있다. 주요 역서로는『실크로드 대장정』,『펜으로 그린 베이징』, 중국귀주민족민간미술전집 시리즈인『납염』등 다수가 있다.